辽宁省职业教育"十四五"首批规划教材
创新型人才培养系列教材·新型活页式
卓越幼师培养系列

学前儿童教育戏剧实践指导

李 强 主 编

张芮萌 韩 燕 熊媛媛 副主编

幼乐美教育研究院 组 编

电子工业出版社·
Publishing House of Electronics Industry
北京·BEIJING

图书在版编目（CIP）数据

学前儿童教育戏剧实践指导 / 李强主编 . —北京：电子工业出版社，2021.8
ISBN 978-7-121-41801-3

Ⅰ.①学…　Ⅱ.①李…　Ⅲ.①戏剧教育-学前教育-教学参考资料　Ⅳ.① G613.5

中国版本图书馆 CIP 数据核字（2021）第 165646 号

责任编辑：李　静
印　　刷：涿州市般润文化传播有限公司
装　　订：涿州市般润文化传播有限公司
出版发行：电子工业出版社
　　　　　北京市海淀区万寿路 173 信箱　邮编　100036
开　　本：787×1092　1/16　印张：10.25　字数：197 千字
版　　次：2021 年 8 月第 1 版
印　　次：2025 年 8 月第 3 次印刷
定　　价：45.80 元

凡所购买电子工业出版社图书有缺损问题，请向购买书店调换。若书店售缺，请与本社发行部联系，联系及邮购电话：（010）88254888，88258888。

质量投诉请发邮件至 zlts@phei.com.cn，盗版侵权举报请发邮件至 dbqq@phei.com.cn。

本书咨询联系方式：（010）88254604，lijing@phei.com.cn。

前 言

近年来，学前儿童教育戏剧课程深受社会的关注和欢迎。编者与学前儿童教育戏剧的结缘始于 2018 年的夏天，有幸在上海戏剧学院参加了由幼乐美教育研究院举办的"教育戏剧与学前教育融合教学研修班"，经过两周的学习，编者深深地被教育戏剧的神奇和独特魅力所吸引，了解了什么是教师入戏，什么是创造性戏剧，明白了教育戏剧和表演的区别与联系。同时，编者也在感慨，原来教育戏剧对学前儿童教育有如此重要的价值和影响，对高校学前教育专业学生与幼儿教师素养的提升可以起到更加积极的推动作用。

在培训结束后，编者所在的学校与幼乐美教育研究院开展了深度的校企合作，共同开发建设了"学前儿童教育戏剧"课程。在此期间，校企共同建立了学前儿童教育戏剧课程实训室，组建了教师团队，在一年内聘请专家在校内开展了累计 5 个月的师资培训，并进行了一系列的教研和科研活动，学习并借鉴了国内外具有代表性、前沿性的论著，在学校学前教育专业的学生中开展试点教学，在小学、幼儿园中多次进行教学实践，在实践中积累了宝贵的经验，收获了众多的关注和认可，学年儿童教育戏剧课程也在 2020 年纳入编者所在学校学前教育专业必修课程。

对于学前儿童来说，教育戏剧最大的魅力在于它可以为幼儿创设各种戏剧情景，搭建起幼儿从课堂走向生活、从学校走向社会的健康发展的桥梁；在戏剧情景中，为幼儿自主探索戏剧中的人物角色及其情感，发展自身的认知能力、情感和社会性提供了无限空间，使幼儿在受尊重且平等自由的教育氛围中身心自然、健康地成长。除此之外，戏剧因其独特的综合性，能包容幼儿园教育五大领域健康、语言、社会、科学、艺术活动，能融入贯穿到各领域的教学活动中。

经过长期的教学研究和实践，这本《学前儿童教育戏剧实践指导》教材呈现在读者面前。本教材采用新型活页式编写方式，集理论性、实践性与工具性于一体，共两个部分。第一部分介绍教育戏剧基本功，主要讲述教育戏剧相关理论知识和教育戏剧课程的设计与实施，分三个工作领域，第一个工作领域介绍学前儿童戏剧游戏，第二个工作领域介绍学前儿童教育戏剧习式，第三个工作领域介绍学前儿童教育戏剧课程的组织与实施。第二部分提供了21个教育戏剧实践案例，根据幼儿的年龄和心理特点，列举小班活动案例、中班活动案例和大班活动案例各7个，让教材使用者可以轻松入门，以方便其在高校进行教学实践，或者去幼儿园进行戏剧教学，同时，也为教师创编教育戏剧课程教案提供参考。

本教材适用于职业院校学前教育专业学生及幼儿教师作为参考用书。

本教材第一部分、第二部分的小班活动案例、附录部分由李强编写，第二部分的中班活动案例由张芮萌编写，第二部分的大班活动案例由韩燕、熊媛媛编写，幼乐美教育研究院全程参与了本教材的指导和编写工作，全书由李强统稿。

为了使读者便于理解，本教材中"反思与评价"部分的任务评价填涂标准为：★★★★★表示优秀；★★★★☆表示良好；★★★☆☆表示及格；★★☆☆☆表示一般；★☆☆☆☆表示较差。

在本教材的编写过程中，编者参阅、借鉴和引用了相关著述，在此对相关著述的作者表示致谢！限于编者的学识水平，教材中难免存在不足之处，恳请各位同行批评指正。衷心期待教育戏剧在学前教育的土壤里开花结果、茁壮成长！

教材使用说明

　　根据《国家职业教育改革实施方案》（以下简称"方案"），教育部启动了"十三五"职业教育国家规划教材建设工作。方案提出应遵循"创新、协调、绿色、共享、开放"的发展理念，全面提升教材质量，实现教学资源的供给侧改革；同时还提出校企双元合作开发国家规划教材的要求，倡导建设新型活页式、工作手册式教材并配套信息化资源。

　　《学前儿童教育戏剧实践指导》是一本校企合作教材，以坚持立德树人为根本任务，以基于工作任务的学习为基本思路，培养德技双馨、知行合一，具有工匠精神的技术技能人才为目标，倡导任务导向式教学，通过问题的引导，促进学生主动思考和学习。本教材适用于职业院校学前教育专业的学生，建议开设周期为1学期，共计36课时。

　　《学前儿童教育戏剧实践指导》采用"纸质＋多媒体平台"一体化的新型教材体系。其中，纸质教材为新型活页式教材，为课程做课堂引导和理论学习的支撑，多媒体平台为"幼乐美云课堂"APP。本课程的特点：将纸质教材与信息化教学资源紧密结合，配套相应的数字化资源、教学项目和案例，以及提供多种课堂互动方式。

　　在教学过程中，教师可以结合"幼乐美云课堂"APP上的信息化教学资源和多元化教学手段进行备课、分组、授课、布置作业、考试练习，以及课程后续的开发与建设等工作。在学生学习过程中，可以使用"幼乐美云课堂"APP接收并完成教师布置的学习任务和活动，通过模拟演练的学习方式，完成教材中对应的工作表单，在实践中学习知识点，锻炼岗位技能。教材中的素材、附录等内容，均可在"幼乐美云课堂"APP上查找并学习。

目 录 CONTETNS

第一部分　教育戏剧基本功

第二部分　教育戏剧实践案例

教育戏剧基本功

工作领域一：学前儿童戏剧游戏

知识点与技能点

知识点

1. 戏剧游戏的含义
2. 戏剧游戏的作用与目标
3. 戏剧游戏的改编原则
4. 戏剧游戏的实施步骤
5. 戏剧游戏的改编步骤
6. 戏剧游戏的观察要点
7. 戏剧游戏的观察步骤

技能点

1. 戏剧游戏活动前的准备
2. 戏剧游戏的组织与实施
3. 戏剧游戏的改编
4. 戏剧游戏的观察与评价
5. 戏剧游戏的环境布置
6. 戏剧游戏设计意图的确定
7. 戏剧游戏教案的规范

模块一：熟识游戏

1. 任务描述

（1）观看"幼乐美云课堂"APP上的教学视频"戏剧名字"。

（2）教师组织学生进行"戏剧名字"游戏活动，学生回顾游戏活动过程并填写工作表单1。

（3）通过小组讨论完成工作表单2的填写。

（4）以小组为单位组织并展示"戏剧名字"游戏活动，完成工作表单3的填写并进行分享展示。

2. 工作表单

工作表单1：游戏活动过程记录表

游戏名称	
游戏目标	
游戏准备	
教学时长	
教学对象	
难易程度	简单□ 一般□ 有挑战性□
教学步骤	（1）讲解规则 （2）举例示范 （3）游戏实施 （4）总结环节

工作表单 2："戏剧名字"游戏活动实施步骤表

"戏剧名字" 游戏实施步骤	（1）讲解规则： 所有人站立，围成一个圆圈，大家用 20 秒的时间给自己起一个戏剧名字，最好是能代表自己的特点并能让别人快速记住的。例如，用喜欢的玩具、动漫人物、食物等作为自己的戏剧名字。同时把自己的爱好用动作展示出来
	（2）举例示范： 我叫西瓜，因为我喜欢吃西瓜。我平时的爱好是跑步（做跑步的动作）。其他同学模仿跑步的动作，并且说：西瓜，你好！
	（3）游戏实施：
	（4）总结环节：

工作表单 3："戏剧名字"游戏活动回顾表

A 亮点		B 问题	
C 问题原因		D 改进建议	

3. 反思与评价

（1）如果"戏剧名字"游戏活动中的教学对象是幼儿，那么在组织实施中需要注意哪些问题？

_____

_____

_____

（2）请你对本次任务进行评价。

评价内容	自　　评
课堂活动参与度	☆ ☆ ☆ ☆ ☆
小组活动贡献度	☆ ☆ ☆ ☆ ☆
学习内容接受度	☆ ☆ ☆ ☆ ☆

4. 学习支持

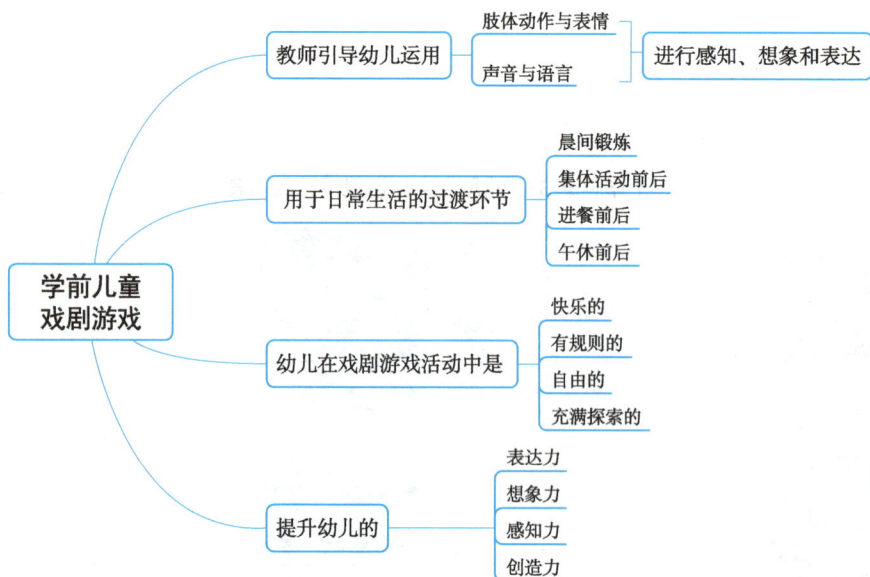

任务二：制定"抛球游戏"活动的组织要点

1. 任务描述

（1）观看"幼乐美云课堂"APP上的教学视频"抛球游戏"。

（2）教师组织学生进行"抛球游戏"活动，小组讨论后列出游戏组织要点，并完成工作表单1。

（3）小组派代表组织其他学员进行"抛球游戏"活动后，填写工作表单2，并进行分享。

2. 工作表单

工作表单 1：教师在游戏活动中的工作要点

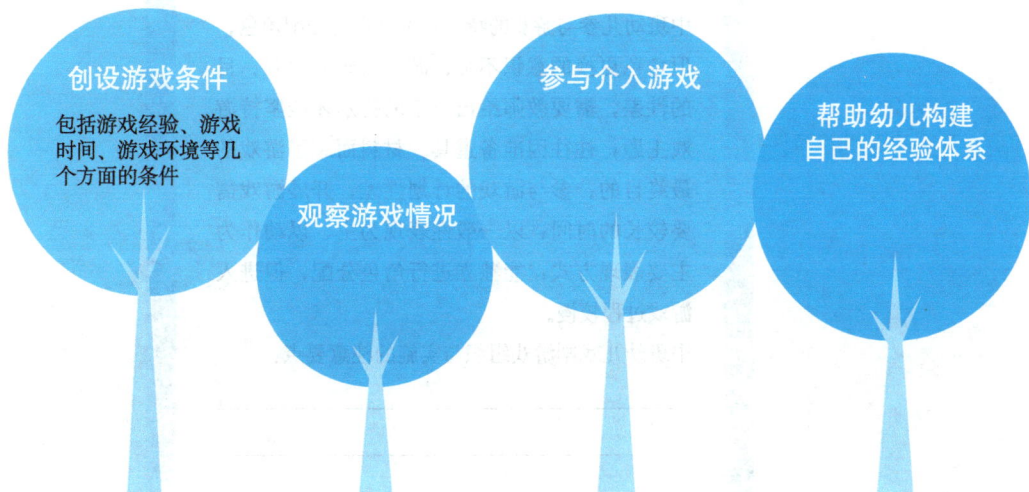

创设游戏条件
包括游戏经验、游戏时间、游戏环境等几个方面的条件

观察游戏情况

参与介入游戏

帮助幼儿构建自己的经验体系

工作表单 2：各年龄阶段幼儿游戏组织与实施要点

小班

小班幼儿参与游戏的特点：角色意识不强、交往欲望较低、表演能力弱。

小班幼儿戏剧游戏组织与实施的注意要点：

_____

_____

_____

_____

_____

中班

中班幼儿参与游戏的特点：可以自行分配角色，但角色更换的意识不强；游戏的嬉戏性强，目的性差，需要教师给出一定的提示才能坚持游戏主题；往往因准备道具、材料而忘了游戏的最终目的；参与游戏的计划性差，开展游戏需要较长的时间；以一般性表现为主，以动作为主要表现方式；能独立进行角色分配，但进入游戏过程较慢。

中班幼儿戏剧游戏组织与实施的注意要点：

_____

_____

_____

_____

_____

大班

大班幼儿参与游戏的特点：能够独立完成角色分配任务，有很强的角色更换意识；参与游戏的目的性、计划性较强，能自觉表现故事内容；具有一定的表演意识，具备一定的表演技巧，能灵活运用多种表现手段。

大班幼儿戏剧游戏组织与实施的注意要点：

_____

_____

_____

_____

_____

_____

3. 反思与评价

（1）你觉得教师在组织戏剧游戏中还需要做哪些工作？请进行补充。

_____

_____

_____

（2）请你对本次任务进行评价。

评价内容	自　评
课堂活动参与度	☆ ☆ ☆ ☆ ☆
小组活动贡献度	☆ ☆ ☆ ☆ ☆

（续表）

评价内容	自　评
学习内容接受度	☆☆☆☆☆

4.学习支持

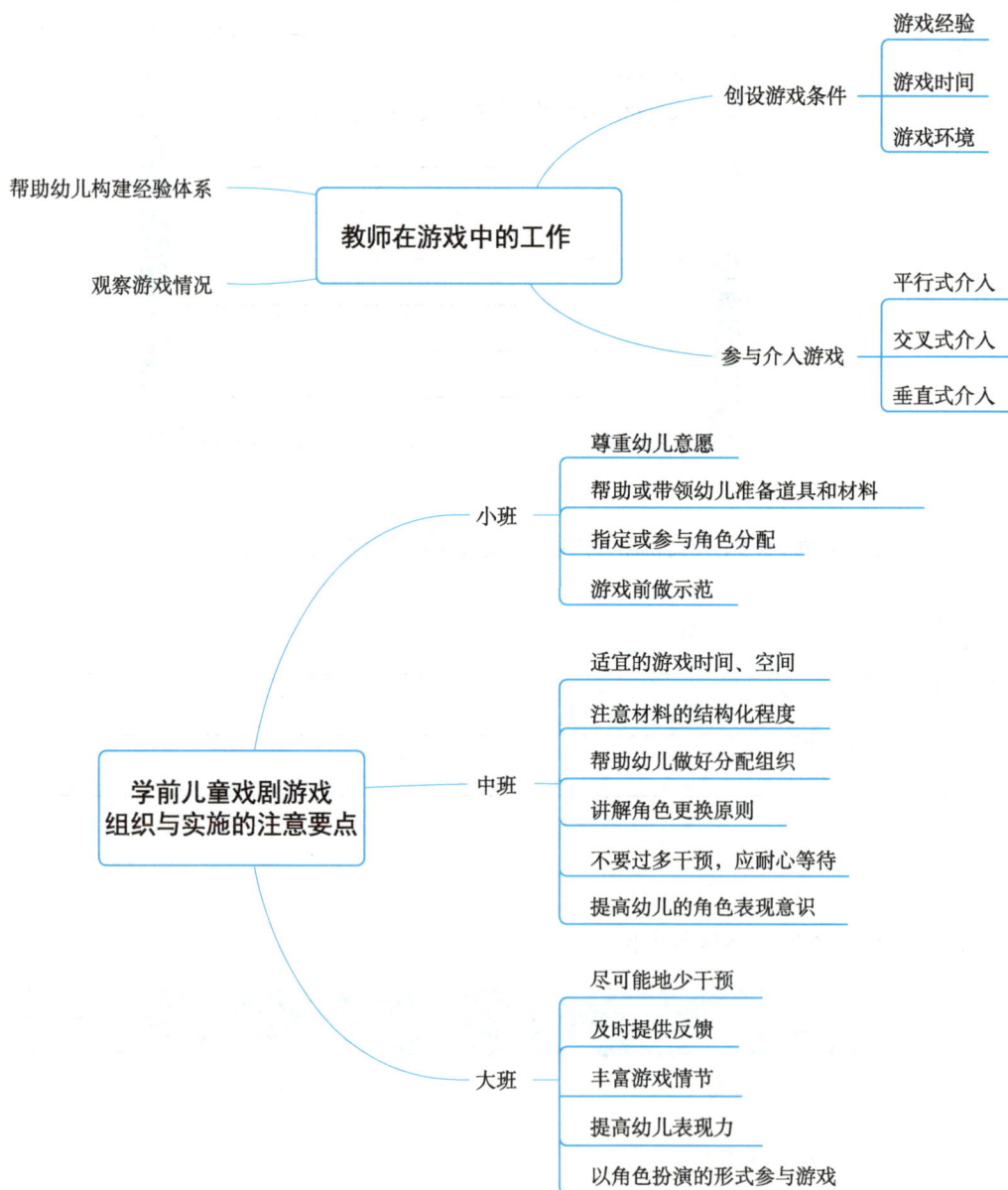

模块二：注意力集中游戏

1. 任务描述

（1）观看"幼乐美云课堂"APP 上的教学视频"镜子游戏"。

（2）将学生分成若干小组，学生互相观察"镜子游戏"活动的实施。每组中有一名成员扮演教师，其他成员扮演小、中、大任意年龄阶段的幼儿，参与游戏并互相观察，游戏完成后经小组讨论填写工作表单。

（3）将填写好的工作表单进行分享展示。

2. 工作表单

工作表单：学前儿童戏剧游戏观察要点分析表

学前儿童戏剧游戏观察要点	具体内容解释
（1）游戏主题的选择	
（2）幼儿知识经验的水平	
（3）游戏规则的制定	

（续表）

学前儿童戏剧游戏观察要点	具体内容解释
（4）游戏场地的大小	
（5）游戏材料的投放	
（6）游戏中教师的指导与评价	
（7）幼儿在游戏中的表现	

3. 反思与评价

（1）你觉得观察对于戏剧游戏的价值是什么？

（2）请你对本次任务进行评价。

评价内容	自　评
课堂活动参与度	☆ ☆ ☆ ☆ ☆
小组活动贡献度	☆ ☆ ☆ ☆ ☆
学习内容接受度	☆ ☆ ☆ ☆ ☆

4. 学习支持

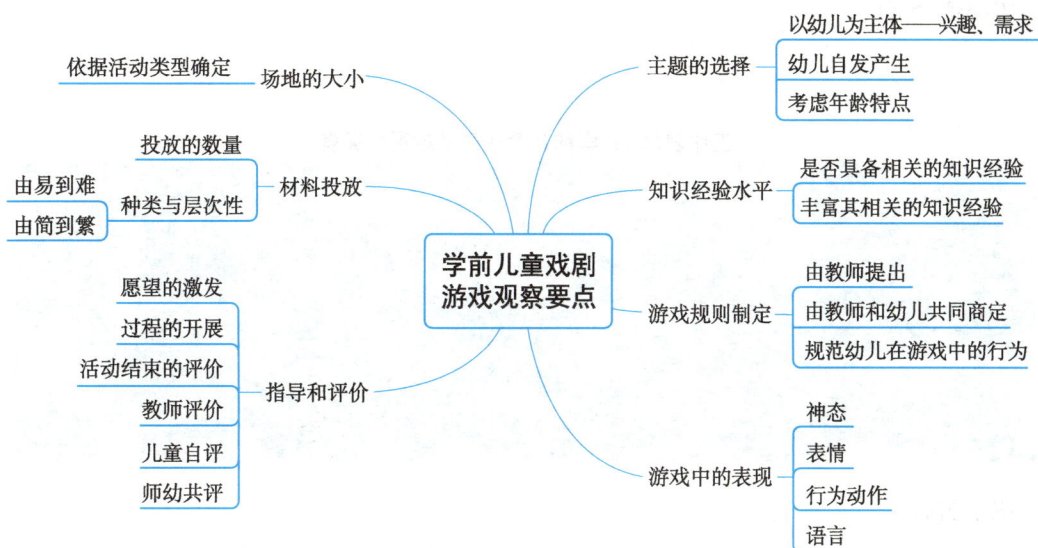

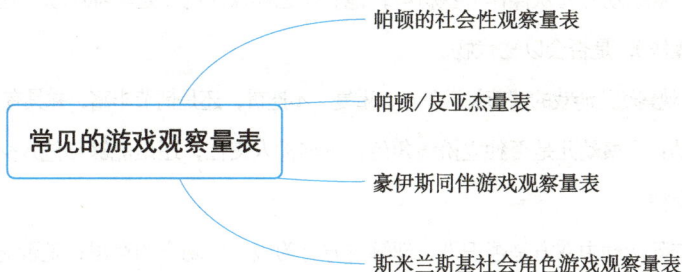

任务二：观察评价戏剧游戏活动

1. 任务描述

（1）在幼儿园见习或实习过程中，对幼儿进行的戏剧游戏进行观察。

（2）根据观察，在工作表单1中填写两名幼儿的观察记录。

（3）根据观察记录，尝试分析、评价其中一名幼儿的戏剧游戏发展水平，填写在工作表单2中。

2. 工作表单

工作表单1：学前儿童戏剧游戏观察量表

姓名	角色扮演	想象的转换			社会性互动	语言沟通		持续性
		材料	动作	情节		元交际	沟通	

操作方法：

（1）角色扮演：主要观察幼儿是否有角色意识并能够坚持扮演角色，是否能够自主地分配角色。

（2）使用材料：观察幼儿喜欢操作哪些材料，他们是怎样操作的（是单纯把玩、还是能够依据自定的情节进行操作），是否会以物代物。

（3）游戏情节：观察幼儿游戏的情节是否单一、重复、不连贯，还是情节丰富，并具有一定的联系。

（4）社会性互动：观察幼儿是否独立扮演角色，不与他人交往，还是能够与他人交往，是否能用角色语言进行交往。

（5）元交际：交际活动中双方是否识别、理解对方行为表现中隐含的意思；是否能认识真实生活的存在，并能十分轻易地进入或退出游戏世界；是否在专注游戏情节的同时也能清楚地意识到玩伴的真实身份。

（6）沟通：观察幼儿是用角色语言沟通，还是用现实语言沟通，沟通是否顺利。

工作表单2：学前儿童戏剧游戏发展水平评价分析表

幼儿姓名	幼儿班级	游戏

3. 反思与评价

（1）你在游戏活动的观察过程中遇到了哪些难点？

（2）请你对本次任务进行评价。

评价内容	自　评
课堂活动参与度	☆ ☆ ☆ ☆ ☆
小组活动贡献度	☆ ☆ ☆ ☆ ☆
学习内容接受度	☆ ☆ ☆ ☆ ☆

4. 学习支持

1）学前儿童戏剧游戏评价

学前儿童戏剧游戏集中反映了幼儿的动作水平、认知水平、语言水平、社会情感、社会交往能力的发展水平。依据对幼儿进行的游戏活动的观察，可对幼儿游戏行为进行评价。

学前儿童戏剧游戏发展评价内容包括幼儿在游戏中的兴趣、偏好、认知和经验水平，使用游戏材料的情况，语言、声音表现力，肢体动作，专注程度，想象力的发展，游戏持续时间等。[1]

2）游戏能力观察表[2]

游戏能力	没有	偶尔	经常	一贯
具有表现性地运用肢体				
运用声音表现性格特征				
根据角色和情景灵活变化个性化语言				
运用戏剧性效果（用于呈现张力等）				
空间利用（空间里的表达方式）				
（与角色或情景）产生共鸣				
专注程度（入戏程度）				
想象力（出谋划策、原创思想）				
自发性（轻松面对、快速接受新建议和新想法）				
易与他人合作				

①　范明丽.学前儿童游戏[M].北京：北京大学出版社，2017.
②　[挪威]卡丽·米娅兰德·赫戈斯塔特.通往教育戏剧的7条路径[M].王玛雅，王治译.上海：华东师范大学出版社，2019.

（续表）

游戏能力	没有	偶尔	经常	一贯
在游戏中主动接纳新来的幼儿				
接受并采用他人的建议和想法				
能把形式和内容结合在一起				
能在表演、引导和其他功能之间变换				
不让自己被他人主宰或轻易被说服				
不必依靠成年人解决游戏中的矛盾				
能和成年人平等合作				

1. 任务描述

（1）观看"幼乐美云课堂"APP上的教学视频"我说你摆"。

（2）教师带领学生体验"我说你摆"游戏活动。

（3）小组成员进行讨论，列出游戏改编步骤并填写在工作表单中。

（4）小组之间相互分享，教师进行总结完善。

2. 工作表单

工作表单：游戏改编步骤表

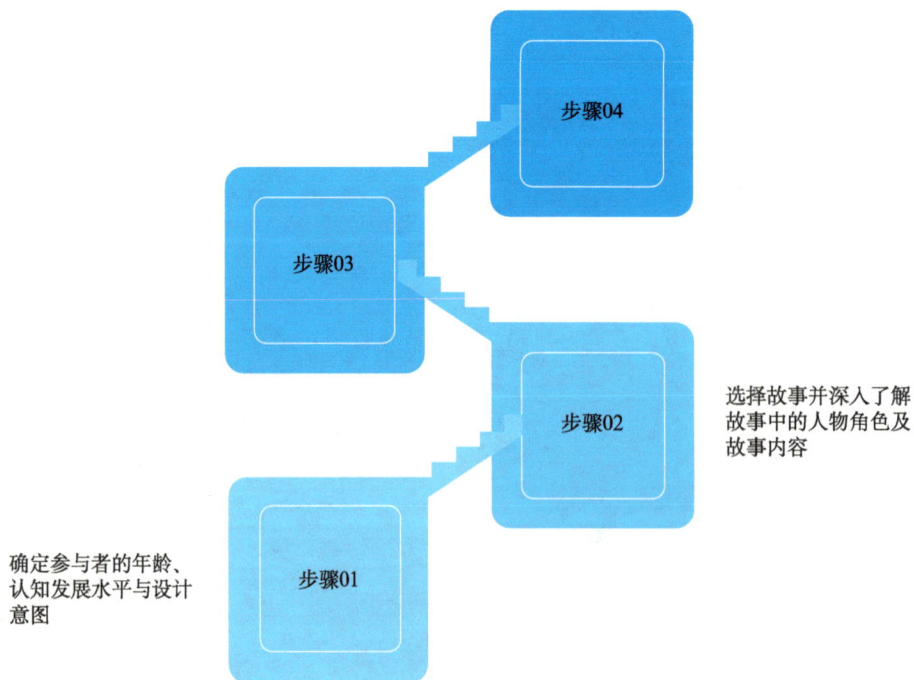

步骤04

步骤03

步骤02 — 选择故事并深入了解故事中的人物角色及故事内容

步骤01 — 确定参与者的年龄、认知发展水平与设计意图

3. 反思与评价

（1）为了改编一个戏剧游戏，你需要提升哪些能力？请至少列出3条。

评价内容	自　评
课堂活动参与度	☆ ☆ ☆ ☆ ☆
小组活动贡献度	☆ ☆ ☆ ☆ ☆
学习内容接受度	☆ ☆ ☆ ☆ ☆

（2）请你对本次任务进行评价。

4. 学习支持

当你在设计戏剧游戏的时候，应尝试在参与者、设计意图、游戏素材、实施与反思这四者之间取得平衡。

1）参与者

确定参与者的年龄背景与认知发展水平，必要的话，可以将时间，地点，参与者的体能、健康状况、恐惧心理等作为考虑要点。

2）设计意图

每个游戏开始前需要想好设计意图。例如，对于第一次接触教育戏剧的幼儿来说，最大的意图是让他们通过游戏打开肢体、释放天性。若设计的游戏太难，则要及时调整。

3）游戏素材

平时需要留意幼儿对什么样的内容感兴趣并记录下来。教师要擅长发现和判断什么样的素材是适合目前所教授的幼儿的。有些游戏尽管可能玩过几轮，但是若幼儿还是很乐意参与其中的话，则可以重复进行或在原游戏基础上改编升级后再进行。

4）实施与反思

在实施环节中需要及时掌握幼儿的参与程度，若发现幼儿过于兴奋，则要及时带领幼儿收住情感，以为接下来的戏剧课程做准备。所以在游戏过程中，如何让幼儿从兴奋到静止是值得教师思考的。当游戏结束后，教师要记录幼儿对游戏活动的反馈，为下次活动做准备。

任务二：改编并实施游戏活动

1. 任务描述

（1）观看"幼乐美云课堂"APP 上的教学视频"改编游戏活动"。

（2）以小组为单位共同填写工作表单。

（3）每个小组派代表改编游戏，教师进行指导。

2. 工作表单

工作表单：改编游戏活动记录表

年龄阶段		参与人数	
游戏名称		教学物料	
设计意图			
教学流程	活动指导语	教学评价 （亮点、问题、问题原因及改进建议）	
第一步： 讲解规则			
第二步： 举例示范			
第三步： 游戏实践			
第四步： 总结环节			
总结反思			

3. 反思与评价

（1）请你改编一个可以让幼儿从静止状态到活跃亢奋状态，再到安静状态的小游戏。

_____

_____

_____

（2）请你对本次任务进行评价。

评价内容	自　　评
课堂活动参与度	☆ ☆ ☆ ☆ ☆
小组活动贡献度	☆ ☆ ☆ ☆ ☆
学习内容接受度	☆ ☆ ☆ ☆ ☆

4. 学习支持

教师要根据本班幼儿的实际情况自主选择各种类型的戏剧游戏，可灵活调整指导语言以适应幼儿的自主能力水平、特点，以及教学需求。

1）充分利用幼儿的身体

改编戏剧游戏时可以充分利用幼儿的身体，让幼儿利用身体模仿动态过程或做出静态造型。对于整个身体来说，视觉、听觉、味觉、嗅觉、触觉及动觉等感官知觉是最重要的。幼儿可以在假想情景中，回忆已有的肌肉记忆，以"假装"的方式表达出来。感官回唤活动能够帮助幼儿记起对一件事的感觉，以及外观、声音、味道及触感。

2）注重幼儿的情绪、情感表达

戏剧游戏能让幼儿感受到放松、舒适、愉悦，戏剧游戏前的放松活动可以使幼儿很快进入戏剧的氛围中，以角色的身份与引导者对话，积极投入实践活动中。戏剧游戏结束环节的放松活动，可以使幼儿情绪稳定，并以舒适、愉悦、放松的状态结束游戏，让幼儿有一种仪式感。

3）充分发挥幼儿的想象力

改编戏剧游戏时，教师要使幼儿可以想象着自己扮演的角色、身处的情景，或者与同伴思考创作故事情节，并加减、重组、转换已有经验，从而创作出新的戏剧作品。

4）保证幼儿的个体满足与团队合作

戏剧游戏要鼓励每位幼儿参与，幼儿作为独立的个体参与戏剧游戏，可以扮演一棵树、一头大象；也可以与同伴两两合作，如一个用手臂扮演苹果把儿，另一个用整个身体扮演苹果果实；还可以让所有幼儿作为一个整体参与，如一棵大树由全班幼儿共同扮演。

工作领域二：学前儿童教育戏剧习式

知识点与技能点

知识点

1. 定格画面的定义
2. 思维追踪的定义
3. 教戏入戏的定义
4. 故事棒的定义
5. 建构空间的定义
6. 集体角色的定义
7. 戏剧习式的实施步骤
8. 戏剧习式的准备要点
9. 戏剧习式的实施要点
10. 戏剧习式的组织策略

技能点

1. 戏剧习式活动的观察纪录
2. 戏剧习式活动的实施应用
3. 戏剧习式活动的组织
4. 戏剧习式活动的阻碍应对能力

模块一：角色塑造类活动

1. 任务描述

（1）观看"幼乐美云课堂"APP上的教学视频"定格画面"。

（2）教师带领学生进行"定格画面"习式活动的体验。

（3）学生体验后完成工作表单并分享展示。

2. 工作表单

工作表单：定格画面记录表

画出你定格的画面（表情或姿态的特写）
写出你当时的表情或姿态想表达的内容

3. 反思与评价

（1）用你的语言来描述"定格画面"。

（2）请你对本次任务进行评价。

评价内容	自　　评
课堂活动参与度	☆ ☆ ☆ ☆ ☆
小组活动贡献度	☆ ☆ ☆ ☆ ☆
学习内容接受度	☆ ☆ ☆ ☆ ☆

4. 学习支持

1）教育戏剧习式

在学前儿童教育戏剧中，教师"教"与幼儿"学"之间的对话关系和其他学科活动有很大不同，教师与幼儿经常以戏剧角色的身份互动，因此会借助多种教育戏剧习式来达成。如果教师不了解教育戏剧习式的运用，其教学方式都是讨论与扮演，那么，最大的问题是幼儿在讨论时出现的想法有时候很难及时在扮演中有所体现，另外，讨论过多往往降低了幼儿参与的兴趣，使得戏剧活动看起来更像语言活动。

教育戏剧习式即为了解决戏剧教学的问题而采用的方法和技巧。英国戏剧教育学者乔纳森·尼兰兹（Jonothan Neelands）等人总结了十分丰富的 70 个大类的戏剧教学策略。教师可以从中选择学前儿童教育戏剧的习式，还可以加以改造，形成更多的、适合学前儿童的教育戏剧习式。以"戏剧"一词置于"教育习式"之前，说明了这些习式是富有戏剧特色的，旨在制造一种虚构的戏剧情景，以此探索角色的关系、所处的场景、情节的变化，以及角色之间的对话，而不是直接按照"说出来"的方式扮演，而且要结合幼儿戏剧经验建构的需要和教师组织幼儿戏剧活动的需要来扮演。

2）定格画面的定义

定格是最为常见的角色塑造策略，幼儿通过对角色动作、形态的思考后，用静止的肢体动作、表情神态将其表现出来。[①]像按下暂停键一样，让一瞬间静止，幼儿通过表情、姿态来塑造角色。使用定格策略时，需要给予幼儿一个虚构的戏剧情景。

运用价值：教师引导幼儿定格画面，透过定格画面将当前的情节、情景具象化，教师进行观察和解读。幼儿通过定格画面表达的信息，要比纯粹的语言表达得更多，能够更直观地表达出复杂的内容。

---

① 张金梅.学前儿童戏剧教育 [M].南京：南京师范大学出版社，2019

任务二：模拟演练"思维追踪"习式活动

1. 任务描述

（1）观看"幼乐美云课堂"APP 上的教学视频"思维追踪"。

（2）教师带领学生进行"思维追踪"习式活动的体验。

（3）分小组讨论"思维追踪"习式活动的设计思路，并完成工作表单 1。

（4）每个小组轮流派一名代表带领全班同学模拟演练"思维追踪"习式活动。

（5）根据参与的"思维追踪"习式活动，学生独立完成工作表单 2。

2. 工作表单

工作表单 1：思维追踪的设计思路表

教学流程	教学指导语	注意事项
（1）告知学员已进行的故事／素材进度		
（2）带领学员进入情景		
（3）进行定格画面		
（4）教师示范，引导学员		参与者说出当下扮演人物的心里话。比如："我好害怕，谁能救救我。"
（5）进行思维追踪		重复参与者说的内容并给予简短回应
（6）思维追踪的结束收尾		对本环节中参与者的表现与表达内容进行简单概括

工作表单 2：角色分析表

角色：

角色：

角色：

角色：

　　在"思维追踪"的习式活动中，你对哪几个角色的心里话印象最深？分析他的处境并写在下面。

_____

_____

_____

_____

_____

_____

_____

_____

_____

_____

3. 反思与评价

（1）针对"思维追踪"习式活动中的自我表现，完成下面的内容。

💡 自我反思

⚙ 改进方法

（2）请你对本次任务进行评价。

评价内容	自　评
课堂活动参与度	☆☆☆☆☆
小组活动贡献度	☆☆☆☆☆
学习内容接受度	☆☆☆☆☆

4. 学习支持

思维追踪是一种在某人扮演或定格画面时向该角色进行提问的方法，教师可以定格一个画面，选择某个扮演角色的人轻拍其肩膀，让他把当时的心里话说出来，从而使他（参与者）更加理解角色当时的心理、动机及思想，并借此推动情节的发展，使故事更加饱满和具有趣味性。

运用价值：分析角色的处境，产生共鸣，理解角色背后的行为。

模块二：情节创作类活动

1. 任务描述

（1）观看"幼乐美云课堂"APP上的教学视频"教师入戏"。

（2）教师带领学生进行"教师入戏"习式活动的体验。

（3）小组进行讨论，并完成工作表单。

（4）小组之间相互分享展示工作表单。

（5）以小组为单位设计"教师入戏"习式活动，并进行演练。

2. 工作表

工作表单："教师入戏"习式活动观察记录表

班级	人数		时间
观察内容	记录		分析/亮点
教师如何组织引导	（写下步骤和关键性的指导语）		
参与者的行为表现			

3. 反思与评价

（1）你认为"教师入戏"习式活动对幼儿园活动会有哪些帮助？

_____

_____

_____

（2）请你对本次任务进行评价。

评价内容	自　　评
课堂活动参与度	☆☆☆☆☆
小组活动贡献度	☆☆☆☆☆
学习内容接受度	☆☆☆☆☆

4. 学习支持

1）教师入戏

教师以第一人称担任某个角色，参与到戏剧表演中与幼儿互动，这称作"教师入戏"。

2）教师出戏

教师在戏剧中可以掌握戏剧的可能性和学习机会，引导幼儿去思考。教师选择停止入戏时，需取下相应象征物，这称作"教师出戏"。

3）运用价值

可以引发幼儿的兴趣，为表演注入张力，为幼儿提供选择和可能性，让幼儿体验不同权利关系的人际处境。

任务二：模拟演练"故事棒"习式活动

1. 任务描述

（1）观看"幼乐美云课堂"APP上的教学视频"故事棒"。

（2）教师带领学生体验"故事棒"习式活动。

（3）通过小组讨论完成工作表单1、2，并进行分享。

（4）根据工作表单2的内容，小组内模拟演练。

2. 工作表单

工作表单1："故事棒"习式活动记录表

"故事棒"习式活动实施操作流程	注意事项

工作表单2："故事棒"习式活动模拟演练表

姓名＿＿＿＿＿＿＿＿

学号＿＿＿＿＿＿＿＿

综合评分＿＿＿＿＿＿

要求	（1）分小组演练； （2）演练时间不超过15分钟； （3）按照脚本内容进行角色分配； （4）演练时幼儿角色扮演者要尽可能以幼儿的心态表现出真实场景		
主题	**选择以下情景进行演练：** （1）□小班　□中班　□大班 （2）演练主题：□社会领域　□健康领域　□艺术领域　□科学领域　□语言领域		
角色 分配	主班教师		
	副班教师		
	幼儿		
活动 设计	**（在第（2）～（5）环节下写下活动过程中的具体指导语）** （1）检查物料 （2）与幼儿打招呼、自我介绍 （3）说明课堂规则 （4）介绍"故事棒"规则、举例示范、实施活动。 （5）总结环节		
总结 记录	（从活动点评、自我点评、问题原因、改进方法等角度记录）		

3. 反思与评价

（1）你觉得如何提升自己使用"故事棒"习式的技能？写下你的行动计划。

_____

_____

_____

（2）请你对本次任务进行评价。

评价内容	自　评
课堂活动参与度	☆☆☆☆☆
小组活动贡献度	☆☆☆☆☆
学习内容接受度	☆☆☆☆☆

4. 学习支持

"故事棒"习式的定义：教师以说书人的身份旁白，在讲故事的同时，让幼儿把故事表演出来。选择适合的物件作为"故事棒"，这根"故事棒"指到谁，谁就会变成教师口中的角色并进行表演，教师说一句台词，表演者重复教师的台词，"故事棒"再挥，表演者就回到自己的座位上。

运用价值：幼儿能体验到表演的快乐，有安全感，有平等的机会去表演，提升幼儿即兴表演的能力。

模块三：情景构建类活动

1. 任务描述

（1）观看"幼乐美云课堂"APP 上的教学视频"建构空间"。

（2）教师带领学生体验"建构空间"习式活动。

（3）小组讨论后完成工作表单。

（4）每个小组轮流派一名代表，带领全班同学模拟演练不同形式的"建构空间"习式活动。

2. 工作表单

工作表单："建构空间"习式活动观察记录表

班级	人数	时间
观察内容	记录	分析/亮点
教师如何组织引导	（写下步骤和关键性的指导语）	
参与者的行为表现		

3. 反思与评价

（1）针对"建构空间"习式活动，你有哪些创意设计？还可以运用哪些创意工具？

_____

_____

_____

（2）请你对本次任务进行评价。

评价内容	自　　评
课堂活动参与度	☆ ☆ ☆ ☆ ☆
小组活动贡献度	☆ ☆ ☆ ☆ ☆
学习内容接受度	☆ ☆ ☆ ☆ ☆

4. 学习支持

建构空间的定义：运用物品（如家具）把戏剧中的一个地点精确地还原出来；或者把戏剧中某个场面的模样按比例表现出来；或者把一个发生了事情的地方用胶带在地面上标示出来。

建构空间的运用价值：靠想象力运用有限资源；构建一个地方的具体模样；利用建构空间表达具体意义；通过精确表达一个虚构情景，以更加相信这个情景；反思情景与行为的关系。

任务二：模拟演练"集体角色"习式活动

1. 任务描述

（1）观看"幼乐美云课堂"APP上的教学视频"集体角色"。

（2）教师带领学生体验"集体角色"习式活动。

（3）通过小组讨论完成工作表单 1、2，并进行分享。

（4）根据工作表单 2 的内容，小组内模拟演练。

2. 工作表单

工作表单 1："集体角色"习式活动教学步骤表

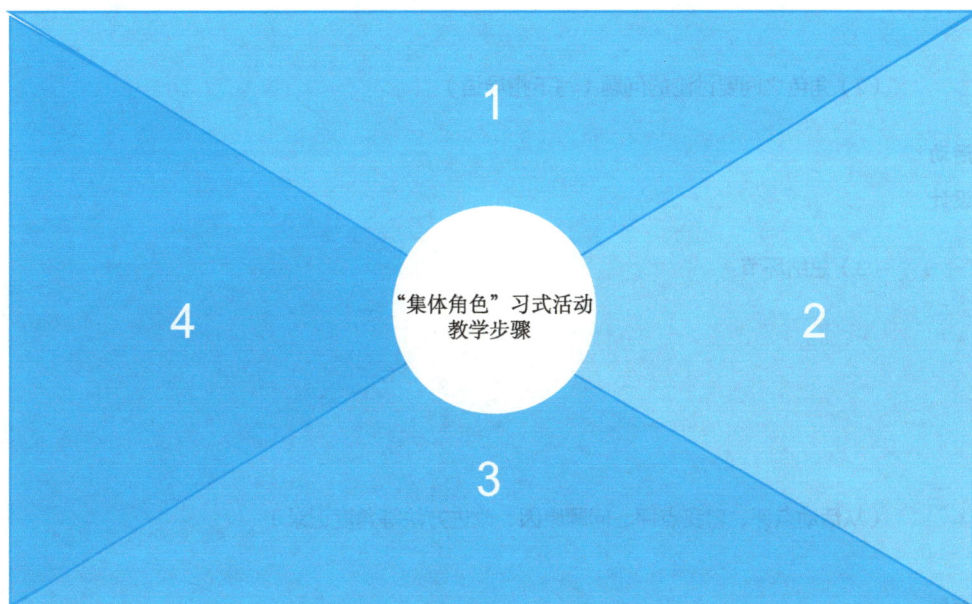

1
4
"集体角色"习式活动
教学步骤
2
3

工作表单 2："集体角色"习式活动模拟演练表

要求	（1）分小组演练； （2）演练时间不超过 15 分钟； （3）按照脚本内容进行角色分配； （4）演练时幼儿角色扮演者要尽可能以幼儿的心态表现出真实场景		
主题	**选择以下情景进行演练：** （1）□小班　□中班　□大班 （2）演练主题：□社会领域　□健康领域　□艺术领域　□科学领域　□语言领域		
角色 分配	主班教师		
	副班教师		
	幼儿		
活动 设计	（1）设计集体角色要进入的场景和人物 （2）角色之间要讨论的问题（写下指导语） （3）总结环节		
总结 记录	（从活动点评、自我点评、问题原因、改进方法等角度记录）		

3. 反思与评价

（1）你觉得"集体角色"习式活动对幼儿教育活动有什么作用？

_____

_____

_____

（2）请你对本次任务进行评价。

评价内容	自　　评
课堂活动参与度	☆ ☆ ☆ ☆ ☆
小组活动贡献度	☆ ☆ ☆ ☆ ☆
学习内容接受度	☆ ☆ ☆ ☆ ☆

4. 学习支持

集体角色的定义：全班或整个小组幼儿同时扮演一个角色，大家畅所欲言，或者选出一名代表进行发言，其他幼儿参与角色对白的讨论。

集体角色的运用价值：减缓幼儿在集体表演时的紧张感，促进幼儿之间的交流讨论，以提升幼儿集体创作的能力。

工作领域三：学前儿童教育戏剧课程的组织与实施

知识点与技能点

知识点

1. 教育戏剧课堂的实施步骤
2. 教育戏剧课堂的观察记录
3. 教育戏剧课堂的组织原则
4. 教育戏剧课堂的目标
5. 教育戏剧课堂的设计方法

技能点

1. 教育戏剧课堂的活动前准备
2. 教育戏剧课堂的组织与实施
3. 教育戏剧课堂的观察与反思
4. 根据教学内容确定活动目标
5. 根据教育戏剧课堂的组织原则组织活动

模块一：教育戏剧课堂的体验与观察

任务一：参与体验教育戏剧课堂

1. 任务描述

（1）教师带领学生参与体验教育戏剧课堂。

（2）小组讨论后填写工作表单并进行分享展示。

2. 工作表单

工作表单：教育戏剧课堂记录表

1. 写出教育戏剧课堂的实施流程、关键步骤。
比如：第一步，热身环节（游戏名称：小兔跳跳）。

_____

_____

_____

_____

2. 写出教师的关键性指导语（至少5句）。

_____

_____

_____

3. 反思与评价

（1）用 3 个词来形容参与体验教育戏剧课堂的感受。

_____

_____

_____

（2）请你对本次任务进行评价。

评价内容	自　评
课堂活动参与度	☆ ☆ ☆ ☆ ☆
小组活动贡献度	☆ ☆ ☆ ☆ ☆
学习内容接受度	☆ ☆ ☆ ☆ ☆

4. 学习支持

教育情景中的戏剧过程模式

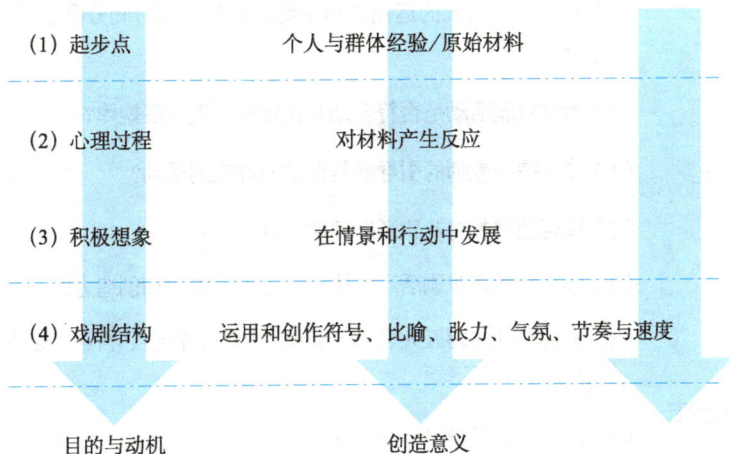

（1）起步点　　　个人与群体经验/原始材料

（2）心理过程　　　对材料产生反应

（3）积极想象　　　在情景和行动中发展

（4）戏剧结构　　运用和创作符号、比喻、张力、气氛、节奏与速度

目的与动机　　　　　创造意义

任务二：观察记录教育戏剧课堂

1. 任务描述

（1）观看"幼乐美云课堂"APP上的教学视频"观察记录教育戏剧课堂"，并进行预习。

（2）教师将学生分成A、B两组，学生扮演幼儿（小、中、大班），分别带领A（或B）组学生进行教育戏剧课堂体验，另一组进行观察。

（3）观察时，每4～5人成一队，讨论并填写工作表单，完成后进行分享。

2. 工作表单

工作表单：教育戏剧课堂观察记录表

项目	维度	观察内容	是/否
课堂观察	目标内容	（1）课程教学目标制定得是否合理？	
		（2）教育戏剧习式选择是否合理？	
		（3）在教学设计中，是否呈现教育戏剧习式的运用？	
	教师	（1）在活动中是否恰当体现教育戏剧习式？	
		（2）教育戏剧习式的运用是否熟练、自然？（时间分配、活动分配等）	
		（3）教学戏剧活动是否符合幼儿认知和心理发展规律？	
	幼儿	（1）能否按照教师的引导参与课堂教育戏剧活动？	
		（2）能否通过教育戏剧活动理解主题内容？	
		（3）能否在教育戏剧活动中体现一定的想象力和创造力？	
	教学效果	（1）能否和幼儿园五大领域（健康、语言、社会、科学、艺术）有效结合？	
		（2）能否促进教学目标的实现？	
		（3）能否促进幼儿多元能力的发展？	
*根据学习内容的拓展及教育戏剧知识、经验的积累，观察内容可灵活调整			

3. 反思与评价

（1）将你扮演幼儿时体验教育戏剧课堂的感受写下来，至少 3 点。

_____

_____

_____

（2）请你对本次任务进行评价。

评价内容	自　评
课堂活动参与度	☆ ☆ ☆ ☆ ☆
小组活动贡献度	☆ ☆ ☆ ☆ ☆
学习内容接受度	☆ ☆ ☆ ☆ ☆

4. 学习支持

教育戏剧活动的主要特点：

（1）有明确目的的戏剧游戏；

（2）一个短期的、有完整戏剧情景的戏剧过程；

（3）教师和学生共同确定特定目标，有事先设定的终止点，活动达到目标即可终止；

（4）由戏剧教师具体指导，按预先设定的学习内容和戏剧程序进行活动，在活动过程中可得出一定的答案；

（5）实施规则明确，表现方式易于被学生了解并实践；

（6）参与过程是一个高度专注的学习、创作的过程；

（7）活动形式容易让小组成员反复练习、演示；

（8）设置必然达到的标准或学习效果，使学生可以体验自己的创造成果；

（9）一种通过戏剧活动解决问题的形式。[①]

---

① 黄忠敬，方小娟. 参与式教学指导手册 [M]. 北京：北京大学出版社 .2016

任务三：学习教育戏剧课堂的组织原则

1. 任务描述

（1）观看"幼乐美云课堂"APP上的教学视频"教育戏剧课堂组织原则"。

（2）在教师的带领下，小组成员进行讨论并完成工作表单，再展示分享。

（3）各小组分享制定的课堂组织原则。

2. 工作表单

工作表单：教育戏剧课堂组织原则分析表

课堂组织原则	我的理解	以后我如何应用
（1）以幼儿为中心，将课堂的主导权还给幼儿		
（2）在课堂组织过程中不评价，没有好与坏、对与错		
（3）在组织过程中，尽可能使用"大家"而不是"我们"		
（4）与幼儿的教学关系建立在信任和尊重的基础上		
我的补充		

3. 反思与评价

（1）教育戏剧课堂的组织原则对幼儿会有哪些影响和帮助？

（2）请你对本次任务进行评价。

评价内容	自　评
课堂活动参与度	☆ ☆ ☆ ☆ ☆
小组活动贡献度	☆ ☆ ☆ ☆ ☆
学习内容接受度	☆ ☆ ☆ ☆ ☆

4. 学习支持

（1）以幼儿为中心，将课堂的主导权还给幼儿。

在传统的课堂中，大部分的时候主导权都是由教师掌握的，幼儿很少拥有主导权。戏剧将课堂的主导权巧妙地转移到幼儿身上，因为它运用幼儿既有的知识、理解力、兴趣和语言，并引导幼儿朝着这些领域发展延伸。

（2）在课堂过程中不评价，没有好与坏、对与错。

教育戏剧的课堂具有开放性，在课堂过程中接纳幼儿的想法尤为重要。如果教师非要按自己预设的思路或方向进行，那么课程的主导权其实还是在教师手中。对于没有空间容纳他们想法的课堂，幼儿的兴趣程度会降低很多。

（3）在组织过程中尽可能多地使用"大家"而不是"我们"。

这样做是为了让幼儿有集体感，微妙的语言对幼儿来说是非常重要的。

（4）与幼儿的教学关系建立在信任和尊重的基础上。

教师需要营造一个安全的氛围，让幼儿们敢于走进这个虚构的世界。作为教师，我们要敢于"放权"，但需要记住自己是引导者。如果出现问题，教师须诚恳地向幼儿表达歉意。

模块二：教育戏剧课程的设计与实施

1. 任务描述

（1）观看"幼乐美云课堂"APP上的教学视频"戏剧课程教育目标"。

（2）以小组为单位完成工作表单的内容。

（3）教师带领小组进行工作表单的相互评价。

2. 工作表单

工作表单：学前儿童教育戏剧课程教育目标设计表

姓名＿＿＿＿＿＿＿＿＿＿＿

学号＿＿＿＿＿＿＿＿＿＿＿

综合评分＿＿＿＿＿＿＿＿

要求	（1）分小组讨论； （2）讨论时间不超过20分钟	
主题	**选择以下情景进行讨论：** （1）班型：□小班　□中班　□大班 （2）绘本：□《天生一对》　□《我的幸运一天》　□《老鼠娶新娘》　□自选	
教育 目标	认知	
	技能（能力）	

（续表）

	情感态度	
总结环节	（与普通幼儿园绘本活动目标相比有哪些区别，你所遇到的困难和支持有哪些？）	

3. 反思与评价

（1）你在设计儿童教育戏剧课程教育目标过程中遇到的最大阻碍是什么？你是如何解决的？

（2）请你对本次任务进行评价。

评价内容	自　　评
课堂活动参与度	☆ ☆ ☆ ☆ ☆
小组活动贡献度	☆ ☆ ☆ ☆ ☆
学习内容接受度	☆ ☆ ☆ ☆ ☆

4. 学习支持

学前儿童教育戏剧课程教育目标通常分为认知、技能（能力）和情感态度三大领域。

（1）在认知领域中，包括：

①对各种有关知识的掌握；②理解戏剧话题和相关知识。

（2）在技能（能力）领域中，包括：

①思考能力；②表达能力；③表演能力；④合作能力。

（3）在情感态度领域中，包括：

①参与活动；②角色情感。

学前儿童教育戏剧课程教育目标具体如下：

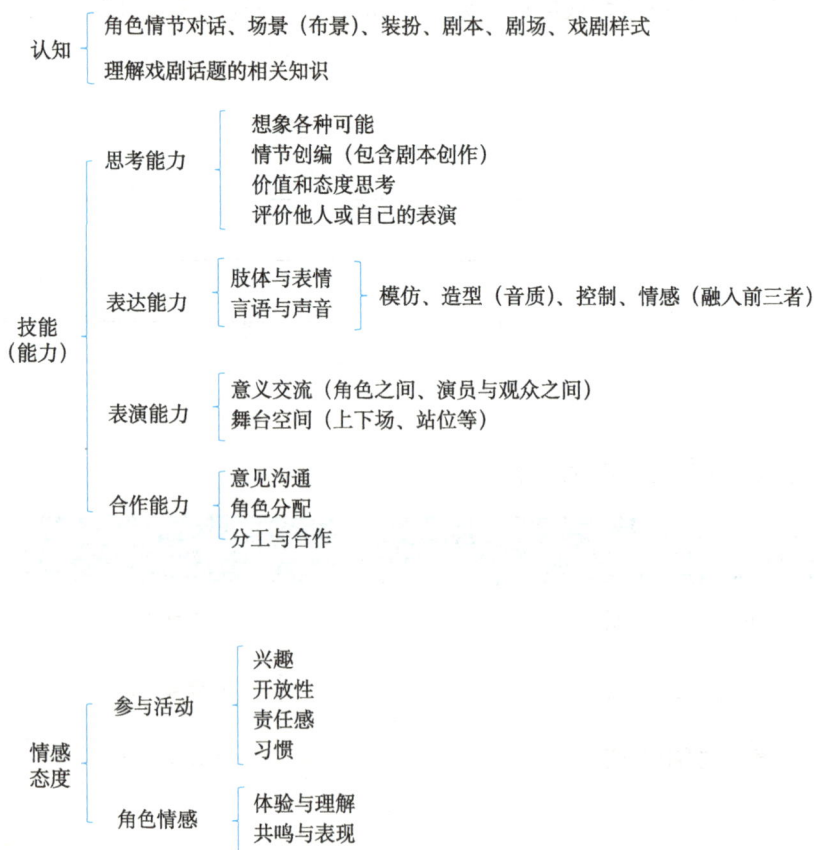

认知	角色情节对话、场景（布景）、装扮、剧本、剧场、戏剧样式	
	理解戏剧话题的相关知识	
技能（能力）	思考能力	想象各种可能
		情节创编（包含剧本创作）
		价值和态度思考
		评价他人或自己的表演
	表达能力	肢体与表情 ┐ 模仿、造型（音质）、控制、情感（融入前三者）
		言语与声音 ┘
	表演能力	意义交流（角色之间、演员与观众之间）
		舞台空间（上下场、站位等）
	合作能力	意见沟通
		角色分配
		分工与合作
情感态度	参与活动	兴趣
		开放性
		责任感
		习惯
	角色情感	体验与理解
		共鸣与表现

任务二：设计、组织一次学前儿童教育戏剧课程

1. 任务描述

（1）观看"幼乐美云课堂"APP上的教学视频"戏剧课程组织设计"。

（2）小组成员讨论如何设计学前儿童教育戏剧课程，并填写工作表单。

（3）小组成员组织演练设计好的学前儿童教育戏剧课程。

2. 工作表单

工作表单：学前儿童教育戏剧课程组织设计表

姓名＿＿＿＿＿＿＿＿＿
学号＿＿＿＿＿＿＿＿＿
综合评分＿＿＿＿＿＿＿

要求	（1）分小组讨论； （2）设计后小组进行模拟演练； （3）按照脚本内容进行角色分配； （4）演练时幼儿角色扮演者要尽可能以幼儿的心态表现出真实场景； （5）主/副班教师角色各为1人，剩余成员扮演幼儿，并与其他小组互换角色演练	
主题	选择以下情景进行讨论： （1）班型：□小班　□中班　□大班 （2）绘本：□《天生一对》　□《我的幸运一天》　□《老鼠娶新娘》　□自选	
角色分配	主班教师	
	副班教师	
	幼儿	
教案设计	活动目标	

（续表）

	活动准备	
	活动设计	
总结反思	（模拟演练儿童教育戏剧课程后填写）	

3. 反思与评价

（1）在设计和模拟演练学前儿童教育戏剧课程的过程中遇到的最大的问题是什么？你是如何解决的？

_____

_____

_____

（2）请你对本次任务进行评价。

评价内容	自　评
课堂活动参与度	☆ ☆ ☆ ☆ ☆
小组活动贡献度	☆ ☆ ☆ ☆ ☆
学习内容接受度	☆ ☆ ☆ ☆ ☆

4. 学习支持

一节课的时间有限，教师怎样才能更好地实施儿童教育戏剧课程？

　　首先，本着渗透学前儿童教育戏剧课程思想的原则，可以在现行的规定时间内，先尝试每节课用 1 ~ 2 个与本堂课教学目标相关的教育戏剧活动。时间控制在 10 分钟以内。

　　其次，慢慢在授课中，教师不断尝试锻炼自己的掌控能力，包括：对时间的掌控、对活动进程的掌控、对幼儿学习状态的掌控。教师对时间的掌控能力是一个优秀教师的重要指标。

　　再次，当教师已经具备良好的掌控能力时，可以尝试将一节课的大部分教学活动转变成符合同样教学目标的教育戏剧活动。在这个过程中同样锻炼教师的掌控能力。

　　最后，最终要转换整个教学思想，某些非常适合使用教育戏剧的课程，建议从传统的一节课，变成多节课。这样不仅不会打乱整个学期的教学安排，还可以提升幼儿的整体素质，从而提高他们在课堂上的理解能力。

　　总之，这是一个缓慢的过程，需要给教师能力转换、提升的时间、空间。[①]

---

①　黄忠敬，方小娟. 参与式教学指导手册 [M]. 北京：北京大学出版社 .2016

给读者的建议

第一部分教育戏剧基本功，可以带领学生入门教育戏剧，使学生了解教育戏剧的部分游戏、习式，以及掌握学前儿童教育戏剧课程的设计与组织方法。

想要成为一名合格的教育戏剧教师，在教育戏剧活动之前必须要有充分的准备计划。在课堂上建立合适的教学氛围，遇到突发状况时，必须能立刻适时地运用各种技巧，参与、协助并指导幼儿，以发挥教师或领导者万事通的角色作用。最好的方法就是掌握更多的习式、体验更多的游戏，在不断尝试中提升自己的"功力"，因此我们在第二部分及附件中为学生提供了一些教育戏剧的实践案例、补充的习式、游戏案例，供大家学习与尝试，学生们可在教学活动中发挥创意并灵活地运用。

教育戏剧实践案例

一、小班活动案例

一、活动目标

（1）知道常见水果、蔬菜的名称，学习用简单的语言描述其颜色。

（2）知道不可以暴饮暴食，养成良好的饮食习惯。

（3）喜欢吃瓜果、蔬菜等新鲜食品。

二、活动重点、难点

重点：不可以暴饮暴食，养成良好的饮食习惯。

难点：在故事棒环节中扮演教师口中的角色。

三、活动准备

经验准备：有去过超市的经验，知道日常生活中常见的食物名称。

物料准备：色彩不同的常见水果、蔬菜的卡片，魔法棒，装扮成小蛇的物件（围巾、眼镜、衣服皆可），水果、蔬菜模型玩具，小蛇的信。

环境准备：安静、无干扰、面积适合的活动教室。

四、活动过程

故事简介：小蛇正在森林里散步，突然遇到了一个大苹果，它就"啊呜"一口吃掉了，结果变成了"苹果蛇"，又往前走，看到了一个香蕉，于是"啊呜"一口又把香蕉吃掉了，结果变成了"香蕉蛇"……小蛇又变成了"饭团蛇""葡萄蛇""菠萝蛇"，最终小蛇因为贪吃变成了一个大球……

热身游戏："我要去超市"

内　容	备　注
指导语： "小朋友们，大家去过超市的请举手！如果去超市会买什么好吃的？现在我们来玩一个游戏叫'我要去超市'。" 教师讲解游戏规则： "我们围成圆圈坐好，大家用'我要去超市买一个……'来做游戏。比如：第一个小朋友说'我要去超市买一个汉堡包'，下一个小朋友可以说'我要去超市买一个苹果'，仔细听前面小朋友买的东西，尽量不要买和他们一样的东西哦，大家可以买水果、蔬菜或其他东西。现在我们一起来试试吧！"	

主题活动一："卡片连连看"

内　容	备　注
指导语： "小朋友们，刚刚说了这么多好吃的食物，那么让我们来看看这些图片上都有什么呢？让我们一起说出卡片上水果、蔬菜的名字吧！" "现在大家认完图片上的水果、蔬菜，让我们一起来玩个接龙游戏吧！" （1）接龙环节： 幼儿轮流说出教师出示的卡片上水果或蔬菜的名称和颜色（如苹果，红色），教师与助教提前配合示范，从识别和表达能力较强的小朋友开始游戏。 （2）介绍环节： 分给每位幼儿一张卡片，一位幼儿出示卡片，其他幼儿说出卡片上水果或蔬菜的名称及颜色，从一位幼儿开始，依次进行	●物料：色彩不同的常见水果、蔬菜的卡片。 ●教学提示： （1）教师反问幼儿，有助于不认识水果、蔬菜的幼儿巩固知识，加深印象。 （2）再次游戏，帮助幼儿熟识水果、蔬菜的名称及颜色

主题活动二："小蛇，你怎么了？"

内　　容	备　　注
指导语： "说起食物，我们今天有一个喜欢食物的朋友远道而来，它变成了奇怪的样子，你们看！"（助教打扮成胖胖的小蛇来到大家身边） （1）引导幼儿说出小蛇奇怪的地方，并请幼儿大胆猜测为什么会变成这样？ （2）表演环节： 小蛇（助教）说："其实我原来是一条身材苗条的小蛇，有着非常健康、匀称的身体，谁见了我都夸我身材好。可是我现在居然变成这个样子，你们能帮我找找原因吗？"说完小蛇的肚子爆炸，里面的水果、蔬菜模型玩具掉出来。"不行了，我要赶紧去医院。"助教在台下等待片刻，悄悄离开。 （3）故事棒环节： "小蛇告诉了老师它这两天的活动和做的事情，我们来帮它还原一下，找找肚子爆炸的原因吧！神奇的魔法棒指到谁，谁就会变成老师口中的角色，魔法棒一挥，魔法就消失了，小朋友们就回到自己的座位上。现在我们一起来试试这个神奇的魔法吧！" 教师按绘本讲故事，请幼儿扮演：苹果蛇—香蕉蛇—饭团蛇—葡萄蛇—菠萝蛇——一个大球。 （4）邀请幼儿说出小蛇很胖的原因，以及为什么它的肚子爆炸了呢？	●物料：魔法棒，装扮成小蛇的物件（围巾、眼镜、衣服皆可），水果、蔬菜模型玩具。 ●戏剧手段：教师入戏、故事棒。 ●教学小提示： （1）在故事棒环节，教师可用故事棒来增加角色，以丰富情节。 （2）不要让一个幼儿从头演到尾，要让多数幼儿参与到游戏中

主题活动三："小蛇的信"

内　　容	备　　注
指导语： "小朋友们说了很多原因，有……，大家都非常棒！小蛇去了动物医院，到医院检查后，它给我们写了一封信，我给大家读一下，来看看医生说出的原因和小朋友们说出的原因是否一样！" 读信环节： "亲爱的小朋友们，谢谢你们帮我找到了变胖的原因，你们使我看到了自己的一个很不好的习惯，我太贪吃啦。你们让我明白了长身体要吃健康的食物，不是吃得越多越好，这是不科学的。小朋友们，贪吃就会变成我现在这个样子。你们一定要做一个身体健康的好孩子哦。" 结束语："所以，小朋友们，我们在日常生活中要有健康的饮食习惯，吃健康的食物，不要暴饮暴食，大家记住了吗？"	●物料：小蛇的信

五、活动延伸

将食物及厨房用具模型投放到区角，让幼儿在活动区进行自由活动。

案例二：《菲菲生气了》

一、活动目标

（1）了解各种情绪，理解该情绪所表达的意思。

（2）初步了解不良情绪带来的后果，学会缓解不良情绪。

（3）愿意和小朋友们一起愉快地游戏。

二、活动重点、难点

重点：知道拥有好心情的方法，学会缓解不良情绪。

难点：理解各种情绪所表达的意思。

三、活动准备

经验准备：在生活中有过喜怒哀乐的情绪。

物料准备：各种表情卡片、被抢烂的大猩猩、被砸烂的其他东西、美纹纸胶带、魔法棒。

环境准备：安静、无干扰、面积适合的活动教室。

四、活动过程

故事简介：菲菲玩得正高兴时，姐姐来和菲菲抢夺玩具，妈妈认为这时候该让姐姐玩了。被抢了玩具的菲菲就更生气了。她大叫，扔东西……便离开了家，一个人跑到外面发脾气……回家后她发现每个人看见自己回家都非常高兴，此后菲菲再也不生气了。

热身游戏："打招呼"

内　　容	备　　注
指导语： 　　"小朋友们，大家见到好朋友是怎么打招呼的呢？今天我们一起来玩一个打招呼的游戏！ 　　（1）教师讲解游戏规则： 　　"大家一起在这个房间里走起来，走啊走，听到指令后，用我们的身体打招呼，比如，我说用脚丫打招呼，小朋友们就可以和最近的小伙伴碰碰脚尖，用眼睛打招呼就可以眨眨眼睛等。现在我们动起来吧……" 　　（2）请小朋友们回到座位上坐好，现在请大家回忆一下刚才我们都用了哪些身体部位打招呼？	●教学提示： 幼儿自由行走时教师要掌控好课堂纪律

主题活动一："认识表情卡片"

内　　容	备　　注
指导语： 　　"小朋友们看一看卡片上的这些表情都代表什么意思呢？大家在什么样的情况下见过这样的表情？" 　　（1）教师依次拿出卡片，请幼儿模仿卡片上的表情。 　　（2）请幼儿分享平时遇到什么事情会有这样的表情	●物料：各种表情卡片。 ●戏剧手法：定格画面、思维追踪

主题活动二："菲菲，你可以这样做"

内　　容	备　　注
指导语： 　　"小朋友们，有位叫菲菲的女孩最近脸上的表情非常多，我们一起去她的房间（物料组成的菲菲生气后房间的场景）看看发生了什么？" 　　（1）邀请幼儿观察，并说出房间里都有什么？思考：她的房间里为什么会这么乱？她不在房间里，猜猜她会去哪儿呢？她是以什么样的心情离开这个房间的呢？ 　　（2）大家想一想怎么帮助生气的菲菲，让她开心起来呢？	●物料：被抢烂的大猩猩、被砸烂的其他东西、美纹纸胶带（以上物料共同组成一个场景，课前布置好可以增添仪式感）。 ●戏剧手法：建构空间

主题活动三：魔法"变变变"

内　容	备　注
指导语： "小朋友们帮助菲菲想了这么多办法，那么菲菲到底是怎么做的呢？让魔法棒带领大家看一看……" （1）故事棒环节： "这根神奇的魔法棒指到谁，谁就会变成老师口中的角色，魔法棒一挥，魔法就消失了，小朋友们就回到自己的座位上。现在我们来试一试这个神奇的魔法吧！" 　　师生可按绘本内容表演：从跑出家门—大哭—爬上树—感受美景—得到安慰一下树回家一家人高兴结束。例如，菲菲跑到树下，她爬了上去，她感觉到微风轻吹着头发，她看着流水和浪花，这个广大的世界安慰了她…… （2）讨论环节： ①"是什么让菲菲不生气了呢？" ②"小朋友们平时像菲菲一样生气的时候，都会怎么做呢？" 　　根据幼儿的回答给予延伸和正确的引导。比如：幼儿回答生气的时候摔玩具，教师指出摔坏玩具的后果及引导正确处理坏情绪的方法。 （3）总结可以缓解不良情绪的方法	●物料：魔法棒。 ●戏剧手法：故事棒。 ●教学提示： 故事棒环节也可不按绘本内容来，可适当增添角色以保障幼儿的参与率、积极性（树木、风，都可以让幼儿扮演，让幼儿感受到乐趣并愿意参与）。 例如，菲菲爬上了树，她感觉到微风轻吹着头发，她看着流水和浪花以及远处的帆船，仿佛帆船上有好多个蓝精灵在告诉着她，不要生气啦！（这里帆船和蓝精灵即增加的角色，非绘本内容）

五、活动延伸

幼儿回到家中，幼儿家长请幼儿说一说自己"喜怒哀乐"的时刻。

案例三：《雪人历险记》

一、活动目标

（1）初步了解雪花的特征：颜色、形状、温度等。

（2）知道雪在一定温度下会融化成水。

（3）引导幼儿对探索自然感兴趣。

二、活动重点、难点

重点：雪花的特征，包括颜色、形状、温度等。

难点：通过猜想、实验、总结的过程分辨雪在不同温度下的变化。

三、活动准备

经验准备：教师在教室内布置有关冬季的情景，让幼儿对冬季的环境有所熟悉。

物料准备：绘本，下雪天主题的轻缓音乐，解释雪形成过程的视频，雪在显微镜下的图片，雪地的照片，不同颜色黏土，乌鸦、小男孩、茶雪人手偶，模拟雪，真实雪，酒精灯，三脚架，托盘两个，冰块，相关实验视频。

环境准备：安静、无干扰、面积适合的活动教室，一张桌子。

四、活动过程

故事简介：在房子前面的花园里，站着一个普通的雪人，外面很冷，屋里却很暖。在一家人喝着咖啡、吃着圣诞节的饼干时，小丽萨走向那只孤单的雪人，为了使它暖和一点，小丽萨给它喝了一口暖暖的茶水，就在这时那只原本很普通的雪人再也不普通了，它的脑子里居然有想法啦……只见茶雪人朝着小丽萨的方向挥了挥手，便离开了花园，它后来又陆续遇到了小男孩、乌鸦，最后它搭乘一块浮冰去往了有北极熊的地方……

热身游戏："雪花抱抱"

内　容	备　注
教师讲解游戏规则： "小朋友们，大家见过雪花吗？今天我们要玩的游戏叫'雪花抱抱'。现在每个人都变成一片雪花，在教室内飘来飘去，当听到我说'雪花雪花，三片抱抱'的时候，三片'雪花'就要抱在一起；当听到我说'雪花雪花，两片抱抱'的时候，两片'雪花'就要抱在一起；当听到我说'雪花雪花，一片抱抱'的时候，每片'雪花'自己抱自己……现在我们一起来试试吧！"	●教学提示：可播放下雪天主题的轻缓音乐

主题活动一："雪的神秘面纱"

内　容	备　注
指导语： "大家知道雪是在什么季节出现的吗？为什么呢？下面我们一起揭开雪的神秘面纱吧！" （1）播放视频环节： ①教师播放雪的相关视频，向幼儿解释下雪是冬天的自然现象。 ②展示显微镜下雪花的图片，观看雪地的照片，增加幼儿对雪的了解。 （2）手工环节： 分发给每个幼儿不同颜色的黏土来堆雪人，教师给予适当的指导与帮助	●物料：解释雪形成过程的视频及雪在显微镜下的图片，雪地的照片，不同颜色的黏土

主题活动二：茶雪人来啦！

内　容	备　注
指导语： "今天我们要认识一位名叫茶雪人的朋友。我们一起来认识一下它吧！" （1）表演环节： 教师扮演旁白，助教利用手偶扮演茶雪人，按绘本内容讲故事，从房子前面的花园里讲起。	●物料：茶雪人手偶，绘本

（续表）

内　　容	备　　注
（2）提问环节： ①茶雪人与普通的雪人有什么不一样？ ②如果你变成一位会行走的雪人，你会做什么？你想去哪里？邀请一个幼儿扮演会行走的雪人，然后其他幼儿依次表演	

主题活动三：茶雪人后来怎样了？

内　　容	备　　注
指导语： "接下来茶雪人会发生什么样的故事呢？为什么到了夏天，茶雪人就会化成水呢？" 教师扮演旁白、乌鸦、小男孩，助教扮演茶雪人，故事中的角色运用对应的手偶演绎。从人们都非常惊讶表演—所有的雪人都会化成雪水结束。 （1）实验环节： ①将准备好的真实雪或冰块放在酒精灯下，让幼儿观察雪融化的过程，以及触摸雪，感受雪的温度（或展示有关雪的实验视频）。 ②大家看到了什么？有什么发现？想一想茶雪人现在怎么做才能不变成水呢？教师引导幼儿开动脑筋思考。 ③接下来我们一起看看茶雪人怎样了？ （2）讲故事环节： 教师扮演旁白和乌鸦，助教扮演茶雪人。 表演范围：从茶雪人融化成雪水—故事结尾结束	●物料：乌鸦、小男孩、茶雪人手偶，模拟雪、真实雪、酒精灯、三脚架、托盘两个、冰块、相关实验视频

五、活动延伸

若恰逢下雪天，可组织幼儿到室外玩雪。

案例四：《我大喊大叫的一天》

一、活动目标

（1）熟悉日常生活中高兴和生气的表情及语气。

（2）能用简单的语言表达感受，用适当的方式表达自己的情绪。

（3）愿意在同伴面前说话，乐于参与集体游戏。

二、活动重点、难点

重点：熟悉日常生活中高兴和生气的表情及语气，用适当的方式表达自己的情绪。

难点：用"我现在不开心，是因为……，我希望……"的句式表达自己的情绪。

三、活动准备

经验准备：课前组织幼儿看生气、开心、无聊等情绪的表情图片，了解多种情绪的表情。

物料准备：绘本、故事PPT、贝拉的代表物件、贝拉妈妈的代表物件。

环境准备：安静、无干扰、面积适合的活动教室。

四、活动过程

故事简介："贝拉的房间鲍勃不能进来"，一觉醒来，鲍勃正在贝拉的房间里，贝拉大喊："离开我的房间！"于是她大喊大叫的一天便开始了。吃早饭时看到碗里的鸡蛋，贝拉哭喊："我吃不了那玩意儿！"对妈妈喊完又大叫，在买东西时、和萨拉玩时、跳芭蕾舞时，甚至睡觉前都在大喊大叫。虽然贝拉一整天都在对别人大喊大叫，可是妈妈还是讲了她最喜欢的故事……

热身游戏:"百变小豆子"

内　容	备　注
幼儿根据教师说出的不同情绪的"小豆子"进行表演,教师可以说可爱豆、爱笑豆、难过豆等。 　　教师讲解游戏规则: 　　"小朋友们,今天大家要玩的游戏叫'百变小豆子'！现在每个人都变成了一粒小豆子。当听到我说'生气豆'的时候,所有的小豆子就变成一粒生气豆,表情或身体要表现出生气的样子。当听到我说'开心豆'的时候,就要表现出开心的样子。现在我们一起来试一试吧！"	

主题活动一:"贝拉不开心"

内　容	备　注
(1)提问环节: 　　"小豆子有时候会开心,有时候会不开心。小朋友们先想一想平时有没有开心或不开心的事呢? 然后我们用'我开心是因为……我不开心是因为……'的句式说出开心与不开心的事与原因,比如:……(教师举例示范)" 　　(2)讲故事环节: 　　教师播放故事 PPT 并讲述绘本:从离开我的房间—你不可以当公主结束。 　　"今天我们来认识一位现在非常不开心的朋友——贝拉,看看她不开心的时候都在做什么、说什么?"	●物料:绘本、故事 PPT

主题活动二:"贝拉,我想对你说"

内　容	备　注
(1)提问环节: 　　①看完贝拉的故事后,请小朋友们分享看到了什么或发现了什么? 　　②小朋友们不开心的时候是怎么说、怎么做的呢? 　　③小朋友们想对不开心的贝拉说些什么呢? 　　(2)教师入戏环节: 　　助教戴上贝拉的代表物件,扮演贝拉,坐在椅子上。与幼儿对话进行互动,重点突出自己的无助和不知道在不高兴时应该说些什么	●物料:贝拉的代表物件。 ●戏剧手段:教师入戏

主题活动三："帮助贝拉行动"

内　　容	备　　注
指导语： "贝拉认识到自己的错误，她想要做些改变，可是她不知道在生气的时候该怎么表达自己的想法，我们一起来帮帮贝拉吧？" （1）提问环节： ①想一想除了用大喊大叫的方式，还能用什么样的方式让妈妈知道我们不高兴呢？ ②引导幼儿说完整的话来表达情绪，而不是大喊大叫。例如，和妈妈说出不开心的原因后，还要告诉妈妈希望自己怎么做……我们试着用"我现在不开心，是因为……，我希望……"的句式来表达自己的情绪。 （2）讲故事环节： 教师播放故事PPT：从芭蕾舞—没人想听结束。 （3）互动环节： 如果现在你是贝拉，和贝拉妈妈说一句话，你会怎么说呢？谁可以用"我现在不开心，是因为……，我希望……"的句式来给大家做个示范？ （4）教师将绘本故事讲述完毕	●物料：绘本、故事PPT、贝拉妈妈的代表物件

五、活动延伸

将绘本投放到区角，课后幼儿自由阅读。

案例五：《花格子大象艾玛》

一、活动目标

（1）了解花格子大象艾玛的与众不同，知道不同事物具有不同的美。

（2）能够运用多种色彩和多种方式来装饰大象。

（3）乐于欣赏，感受不同形状、不同花纹的美。

二、活动重点、难点

重点：知道不同事物具有不同的美。

难点：运用多种色彩和多种方式来装饰大象。

三、活动准备

经验准备：玩过与"找不同"类型相关的游戏，对"不同"有一定程度的认识。

物料准备：若干相似图片（两张图片有 1 ~ 3 处不同）、马克 / 勾线笔、绘本书、故事 PPT、花格子大象的道具、每人一张大象轮廓图、水彩笔、橡皮泥、画笔、蜡笔等。

环境准备：安静、无干扰、面积适合的活动教室，几张桌子。

四、活动过程

故事简介：世界上有没有花格子颜色的大象呢？艾玛和其他大象灰灰的颜色不一样，它是一只花格子颜色的大象，它喜欢讲笑话，有它在绝不冷场，它是大家的开心果。可是，它却有一点小小的烦恼："为什么自己不是一般的大象？"有一天，它想了一个办法，让自己身上的颜色，变得跟别人一模一样。可是，当它和别人一样时，结果会怎样呢？

热身游戏："找不同"

内　容	备　注
指导语： "小朋友们，大家看一看我手上的两张图片有哪里不一样？今天大家玩的游戏叫'找不同'。找到不同的地方，我们就用笔勾画出来！现在我们一起找不同哦！" 教师讲解游戏规则： 教师将幼儿分成 2～3 人一组，发给每组幼儿提前准备好的图片。幼儿仔细观察后，用笔将图片中的不同之处勾画出来	●物料：若干相似图片（两张图片有 1～3 处不同）、马克 / 勾线笔

主题活动一："不一样的艾玛"

内　容	备　注
（1）教师展示绘本 / 故事 PPT： "小朋友们，它就是我们今天要认识的朋友——艾玛。" （2）提问互动环节： ①大家发现艾玛和我们见过的大象有什么不一样呢？ ②它身上有哪些颜色？ （3）教师入戏为大象，并与幼儿互动： "如果艾玛来到大家的面前，大家想和艾玛说些什么呢？" 教师入戏前，要与幼儿讲清规则，如披上花布是大象艾玛，脱下就是教师	●物料：绘本 / 故事 PPT、花格子大象的道具。 ●戏剧手段：教师入戏

主题活动二："艾玛的失落"

内　容	备　注
指导语： "接下来我们继续看发生了什么？" （1）讲故事环节 1： 有一天艾玛失眠了，晚上睡不着，它有了烦心事，它觉得自己和别人不一样。它在想：哪有花格子大象，怪不得大家笑话我。 教师播放故事 PPT 并讲述绘本：从一群象—也是艾玛引来的结束。	●物料：绘本、故事 PPT

（续表）

内　容	备　注
（2）表演环节： "艾玛想变成和大家一样的颜色，大家帮它想想办法吧？" 邀请幼儿表演出给艾玛变换颜色的方法。 （3）讲故事环节2： 　　从开头讲到艾玛在生活中经常让大家开心结束。（播放相应的故事PPT）	

主题活动三："你心中的艾玛"

内　容	备　注
指导语： 　　"大象们为艾玛举办了每年一次的化妆节。今年它们也邀请我们所有的小朋友参加化妆节啦！大家想不想为大象们化妆，把它们变成五颜六色的呀！那我们一起为大象们进行变妆吧！" 创作环节： 　　每人一张大象轮廓图，为幼儿提供丰富的材料，让幼儿大胆创作。创作完成后，邀请幼儿分享自己创作的大象图片	●物料：每人一张大象轮廓图、水彩笔、橡皮泥、画笔、蜡笔等。 ●戏剧手段：绘画创作

五、活动延伸

幼儿将创作的大象图片带回家，并与家人分享。

案例六：《大卫不可以》

一、活动目标

（1）初步意识到哪些事情是"不可以"做的，积累生活经验。

（2）能够大胆讲述自己看到或猜测的事情。

（3）能够体验并初步表现角色的情感。

二、活动重点、难点

重点：哪些事情是"不可以"做的。

难点：知道父母批评我是因为爱自己。

三、活动准备

经验准备：知道父母生气时候的样子，并能模仿出来。

物料准备：印有脸部轮廓的图片（每人一份）、彩笔若干、绘本、故事PPT、魔法棒、椅子。

环境准备：安静、无干扰、面积适合的活动教室。

四、活动过程

故事简介：有一天，大卫想吃饼干，他两只脚的脚尖踩在一把椅子的边缘上，身体倾斜，左手紧紧抓住壁橱的下方，右臂向上高高举起，伸开五指，正想去够妈妈放在壁橱最上层的饼干桶。大卫这样做很危险，这时候，妈妈叫了一声："大卫不可以！"大卫又做了许多"不可以"的事情……大卫的妈妈很生气，她处罚大卫坐在墙角的小圆凳上反省思过。大卫心想：自己做了那么多的错事，让妈妈操了那么多心，妈妈还会爱自己吗？大卫知道自己错了。"宝贝，来这里""大卫乖……我爱你！"是妈妈亲切的呼唤。大卫扑到了妈妈的怀里，妈妈用她柔软的双手紧紧地把大卫搂在怀里，大卫则依偎在妈妈温暖的怀抱中，尽情享受着妈妈浓浓的爱。

热身游戏："大卫妈妈说"

内　　容	备　　注
教师讲解游戏规则： 　　"大家好！今天我们要玩的游戏叫'大卫妈妈说'！现在大家在教室里自由地走动，去踩别人没有踩过的地方。当听到我说出'大卫妈妈说原地坐下来'的时候，大家就要原地坐下来。当听到我说出'大卫妈妈说原地蹦两下'的时候，大家就要站在原地蹦两下。但是，当听到我说出'原地蹦两下'的时候，还要继续走，因为只有大卫妈妈说'原地蹦两下'的时候我们才去做动作。大卫妈妈没有说的时候，我们都要继续走，我们先来试玩一轮！"	

主题活动一："生气的妈妈"

内　　容	备　　注
指导语： 　　"平时大家做过哪些事情让妈妈很生气呢？妈妈生气的时候是什么样的呢？" （1）发放纸张与彩笔，请幼儿在脸部轮廓图上涂上任意颜色，表现出妈妈生气的样子。 （2）让幼儿表演妈妈生气的样子，教师与"妈妈"互动生气的原因	●物料：印有脸部轮廓的图片（每人一份）、彩笔若干。 ●戏剧手法：定格画面、思维追踪

主题活动二："大卫打碎了花瓶"

内　　容	备　　注
指导语： 　　"我有一位朋友，他叫大卫。他画了整整一本都是关于妈妈生气的画册！让我们一起来看看吧！（播放故事 PPT 到大卫打碎花瓶的画面）大家看到了什么？当然大卫做过的让妈妈生气的事情可不止这一件哦！" 　　教师讲述绘本到："我说过，大卫不可以"这个画面。	●物料：绘本、故事 PPT、魔法棒。 ●戏剧手段：角色扮演

（续表）

内　　容	备　　注
互动讨论： （1）大家记得大卫做了哪些让妈妈生气的事情？平时你有做过哪些和大卫一样的事情呢？当时你的妈妈说了什么呢？ （2）如果你是大卫的妈妈／爸爸，看到大卫打碎花瓶会说什么？做什么呢？ （3）邀请一组幼儿，表演大卫的妈妈／爸爸看到大卫打碎花瓶的样子	

主题活动三："最爱的人是大卫"

内　　容	备　　注
指导语： 接下来，我们一起来看看大卫妈妈是怎么做的呢？（展示故事PPT到大卫妈妈拥抱大卫的画面） （1）互动分享： ①教师入戏为大卫妈妈坐在椅子上，引导每个孩子对"大卫妈妈"说一句话。"大卫妈妈"给予互动回应。 ②邀请幼儿分享大卫做什么事情，爸爸妈妈会很开心呢？ （2）总结环节： 在生活中，我们也会做错很多事情，当妈妈说不可以的时候，并不是不爱我们了，她只是怕我们遇到危险，怕我们受伤。当大卫打碎了妈妈最喜欢的花瓶，我们和大卫一样，都以为妈妈又会生气，但妈妈并没有生气，而是走到大卫身边给了他一个温暖的拥抱。因为在爸爸妈妈心里，他们最爱的永远都是自己的孩子	●物料：魔法棒、绘本、故事PPT、椅子。 ●戏剧手段：教师入戏

五、活动延伸

教师录下幼儿对"大卫妈妈"说话的视频，分享给幼儿家人。

案例七：《神奇的糖果店》

一、活动目标

（1）理解故事情节，知道主人公小猪吃了糖果后所发生的神奇的事。

（2）在活动中能够自由想象和模仿，以自己喜欢的方式表达对周围生活的认识和理解。

（3）体验故事中的奇妙乐趣，并乐于表达自己的想法。

二、活动重点、难点

重点：理解故事情节。

难点：能够跟随教师表演出绘本中的故事情节。

三、活动准备

经验准备：教师带领幼儿开展过表演类的游戏活动。

物料准备：沙包或其他软球，绘本，故事 PPT，黄、蓝、绿、红、白颜色的小圆形卡纸（神奇糖果），透明的糖果罐，扮演狗獾叔叔的物件，彩笔若干，画有罐子的纸张若干。

环境准备：安静、无干扰、面积适合的活动教室，几张桌子。

四、活动过程

故事简介：有一天，小猪正在森林里噔噔噔地走，忽然看见了狗獾叔叔的神奇糖果店。狗獾叔叔说，这里的糖果含在嘴里就会发生神奇的事。小猪刚开始还不信，谁料，在吃了一颗黄色糖果后，它居然轻松地举起了一块大岩石！可是糖果化掉时，小猪脸都憋红了岩石也举不动。接着，小猪又陆续试吃了蓝色、绿色、红色的糖果，发生了小猪发出狮子吼声、隐身、变成了大灰狼这些神奇的事……正当小猪变成大灰狼吓唬小动物们时，真正的大灰狼出现了……

热身游戏："这不是沙包"

内　容	备　注
指导语： "大家好！今天带大家玩的游戏叫'这不是沙包'。我现在手里拿了一个沙包，但现在我要把它变成另外一个东西。小朋友们猜猜我想把沙包变成什么？" 教师讲解游戏规则： 幼儿运用想象力将沙包想象成其他物件并表演出来，其他幼儿猜该幼儿表演的是什么。幼儿围成圆圈坐好，依次进行表演	●物料：沙包或其他软球。 ●教学提示： 教师可先做示范，将沙包拿在手里做打电话的姿势

主题活动一："好神奇的糖果"

内　容	备　注
指导语： "小朋友们吃过糖果的请举手！大家吃的糖果都是什么颜色的呢？都有哪些口味呢？今天我们要来尝尝这个神奇的糖果哦！" 表演环节： 教师根据绘本讲故事，同时邀请幼儿表演出小猪吃完每个糖果以后的反应，以及糖果化了以后的反应。比如：小猪吃完黄色糖果后，轻松地举起了岩石，教师引导幼儿表演轻松地举起岩石，以及糖果化了以后举不起岩石的样子	●物料：绘本、故事PPT。 ●教学提示： 教师引导幼儿多用肢体动作表达情感，可先示范，充分激发幼儿的想象力，调动其积极性

主题活动二："百变小猪"

内　容	备　注
（1）助教入戏成狗獾叔叔： "哇！这些糖果很神奇呀，现在我们叫狗獾叔叔（助教）出来给大家发糖果。欢迎狗獾叔叔！接下来我们和狗獾叔叔一起表演一遍故事吧！"	●物料：黄、蓝、绿、红、白颜色的小圆形卡纸（神奇糖果），透明的糖果罐，扮演狗獾叔叔的物件。

（续表）

内　　容	备　　注
（2）表演环节： 　再次表演故事情节。 　教师扮演旁白讲故事引导，狗獾叔叔（助教）和幼儿根据绘本内容进行表演，狗獾叔叔分发给每个小猪（幼儿）神奇糖果。所有幼儿集体进行表演。 （3）互动提问环节： 　①小朋友们印象最深的糖果是哪个颜色的呢？ 　②小朋友们最喜欢哪个颜色的糖果，为什么呢？	●戏剧手法：教师入戏

主题活动三："我的神奇糖果罐"

内　　容	备　　注
（1）邀请幼儿在画有罐子的纸张上画出各种各样的神奇糖果。 　"现在我们每个人制作一只属于自己的神奇糖果罐吧！" （2）分享表演环节： 　邀请幼儿依次向大家介绍自己的神奇糖果罐里的糖果吃下去会发生什么神奇的事	●物料：彩笔若干、画有罐子的纸张若干

五、活动延伸

将幼儿制作好的神奇糖果罐纸张贴在教室的展示墙上。

二、中班活动案例

一、活动目标

（1）初步认识人体消化系统主要器官的名称，以及食物在人体内的消化过程。

（2）能够在吃饭时细嚼慢咽、不暴饮暴食。

（3）愿意按时、按量进餐，选择健康的食物，培养良好的饮食习惯。

二、活动重点、难点

重点：培养良好的饮食习惯。

难点：人体消化系统主要器官的名称，以及食物在人体内的消化过程。

三、活动准备

经验准备：提前带领幼儿观察人体器官结构图，了解人体消化系统。

物料准备：鼓、沙包、绘本、故事 PPT、火车主题音乐、人体消化系统及食物消化流程的动画、食物模型、水果和食物、医生道具、魔法棒。

环境准备：安静、无干扰、面积适合的活动教室。

四、活动过程

故事简介：因为茉莉娅吃得太多、太快，所以她的肚子里出事了！饭菜一大块一大块地掉进肚子火车站里，堆得像小山一样高。这可害惨了肚子里的小精灵们，他们冒着被砸晕的危险拼命干活，想把这些食物统统装上火车，送到弯弯曲曲的隧道里去。可是没想到，还有更大的暴风雪在等着他们。小精灵们被激怒了，他们游行示威、罢工抗议……肚子火车站里一片混乱。小精灵们能渡过这个难关吗？肚子火车站究竟是一个怎样的地方？神秘的隧道会通向哪里呢？

热身游戏："击鼓传花"

内　　容	备　　注
指导语： 　　"小朋友们，我们一起玩个游戏，叫击鼓传花。大家围成一个圆圈，接下来从一人开始依次传递一个沙包，根据鼓声的速度来传递哦，鼓声慢，我们的动作就要慢一些；鼓声快，我们的动作就要快一些；鼓声停止，我们的动作也停止，看看沙包会传到谁那里停下呢。我们先试一下吧。"	●物料：鼓、沙包

主题活动一："奇怪的火车站"

内　　容	备　　注
指导语： 　　"小朋友们坐过火车或者看过火车吗？那火车是什么样子的呢？现在我们把教室变成火车轨道。大家站起来，每个小朋友都是一节车厢，用小手拉着前面一个小朋友的衣服，我们连成一列长长的火车，呜～，我们慢慢走起来，准备开火车啦！" 　　（1）互动环节： 　　播放火车主题音乐，邀请不同的幼儿当火车头，带领大家开火车。教师在一旁用语言引导，比如：下一站到了草原，大家看到了什么？现在我们到了大森林，大家看到了什么？ 　　（2）讲故事环节1： 　　现在我们将去往一个神奇的地方，就是肚子里的火车站。这个火车站的主人叫茱莉娅。她刚刚从幼儿园出来，走在回家的路上。突然，茱莉娅听到了一阵"咕噜噜"的声音。 　　（3）提问环节： 　　①大家觉得这个声音是从哪里发出来的？ 　　②为什么会发出这样的声音？	●物料：绘本、故事PPT、火车主题音乐。 ●戏剧手段：集体雕塑

（续表）

内　　容	备　　注
（4）讲故事环节2： （播放对应的故事PPT）这个声音是从她的肚子里发出来的！茉莉娅不知道，她的肚子里有一个火车站！小精灵们就住在这里，他们的工作是把食物弄成泥，装进火车。这会儿，小精灵们都懒洋洋地躺着，因为大家无事可做。火车也停在那里，整个肚子火车站里静悄悄。突然，那奇怪的声音又响了起来。原来一个小精灵睡着了，它在梦中偶尔打起响亮的呼噜，这就是茉莉娅听到的"咕噜噜"的声音	

主题活动二："肚子里的小精灵"

内　　容	备　　注
指导语： 　　"我们一起来认识一下小精灵们（各消化器官）吧！"（播放人体消化系统及食物消化流程的动画） 　　（1）提问环节： 　　①大家看到了哪些消化器官? 　　②消化器官们的工作是什么? 　　③如果你是肚子里的某个消化器官，你会在肚子里如何工作呢?请大家表演一下吧！ 　　（2）游戏环节： 　　幼儿团体协作，搬运食物（基于热身游戏"击鼓传花"），模拟绘本故事中小精灵们搬运食物的情景进行击鼓传花：助教一次性传递很多食物，教师调整击鼓速度。当游戏失败后，引出主题活动三	●物料：人体消化系统及食物消化流程的动画、食物模型、水果和食物、医生道具。 ●教学小提示： （1）游戏环节中的"食物"建议用真实的水果代替，如果没有，可用其他可代替的物品代替。 （2）教师击鼓过程中速度需有快有慢，让幼儿体会到不同的食物消化过程

主题活动三："茱莉娅的肚子好疼"

内　　容	备注
指导语： "茱莉娅的肚子疼了起来，我们一起看看发生了什么？现在我们把教室里变成茱莉娅的肚子里，表演从'茱莉娅终于到家了到他们已经分不清哪是上，哪是下了'结束。" 用故事棒的形式邀请小朋友们将故事情节演绎出来。 （1）提问环节： ①茱莉娅的肚子为什么会疼呢？ ②茱莉娅的肚子为什么又不疼了呢？ （2）游戏环节： 　　按照绘本内容来模仿各位小精灵重新有规则地进行工作，幼儿团体协作，搬运食物（基于"击鼓传花"热身游戏），体会在传递中，食物是小块的，且传递频率有规律，击鼓传花时间控制得长，就能顺利完成游戏的道理。最后引出总结。 （3）总结环节： 　　小朋友们平时吃东西的时候，一定要细嚼慢咽，少喝饮料，少吃甜食和生冷食物，多吃蔬菜，多喝白开水，这样我们肚子里的小精灵们才能快乐地工作，我们的身体才能健健康康！	●物料：绘本、故事PPT、魔法棒。 ●戏剧手段：故事棒

五、活动延伸

课后播放饮食歌，并邀请幼儿们欣赏学习。

案例二：《小红帽》

一、活动目标

（1）了解故事内容及情节发展。

（2）掌握一些基本的自我保护常识和相应的策略。

（3）懂得不要轻信陌生人的话，保护自身安全的道理。

二、活动重点、难点

重点：掌握一些基本的自我保护常识和相应的策略，不要轻信陌生人的话，能保护自身安全。

难点：表演出故事情节，理解故事中的角色，提升幼儿自我保护意识。

三、活动准备

经验准备：活动前组织幼儿开展有关"安全意识"的活动，让幼儿对"不能跟陌生人走"有初步意识。

物料准备：美纹纸胶带、羊玩偶、狼头饰、羊头饰若干、小红帽手偶、小红帽妈妈手偶、大灰狼手偶、大灰狼头饰、红色的帽子、外婆的衣服。

环境准备：安静、无干扰、面积适合的活动教室。

四、活动过程

故事简介：从前有个人见人爱的小姑娘，喜欢戴着外婆送给她的一顶红色天鹅绒的帽子，于是大家就叫她小红帽。有一天，妈妈让她给住在森林里的外婆送食物，并嘱咐她不要离开大路。小红帽在森林中遇见了狼，她从未见过狼，也不知道狼生性凶残，于是告诉了狼，她要去森林里看望自己的外婆。狼知道后诱骗小红帽去采野花，自己到林中小屋把小红帽的外婆吃了。然后伪装成外婆，等小红帽来到外婆家时，狼一口把她吃掉了。幸好来了一个勇敢的猎人，猎人用自己的聪明才智把小红帽和外婆从狼肚里救了出来。

热身游戏："老狼，老狼几点了"

内　　容	备　　注
指导语： "今天大家玩的游戏叫'老狼，老狼，几点了'。" 教师讲解游戏规则： 　　"我会扮演老狼，大家扮演小羊，在我身边有一只被我逮住的'小羊'（羊玩偶），大家的任务是救出小羊。怎么救呢？" 　　大家在安全线（用美纹纸胶带贴一道横线）后齐声问："老狼，老狼，几点了？"老狼回答说："3点了。"大家向老狼的方向走3步。根据老狼回答的时间点数走对应的步数。如果听到老狼说"天黑了"，小羊们要赶紧往安全线里跑，因为老狼要开始抓小羊了。跑进安全线的小羊，老狼是抓不到的。相反，没跑进安全线就被老狼抓住的小羊，要被关进笼子（用美纹纸胶带在地上贴成正方形）里	●物料：美纹纸胶带、羊玩偶、狼头饰、羊头饰若干。 ●教学小提示： （1）幼儿熟悉游戏后，可让幼儿轮流扮演老狼。 （2）老狼在抓捕中不可越过安全线，幼儿回到安全线后表示安全

主题活动一："小红帽去找外婆"

内　　容	备　　注
指导语： 　　"今天我们要认识一位小女孩，她叫小红帽。我们一起看看她的故事吧！" 　　助教用手偶扮演小红帽，教师扮演旁白，并用手偶扮演小红帽妈妈，两人用手偶演绎小红帽要去森林里找外婆的情节。 互动环节： 　　（1）邀请幼儿分享从上面的演绎中听到小红帽的妈妈对她说的内容，引导幼儿说出不要离开大路。 　　（2）邀请幼儿分享我们在户外应该注意什么。根据幼儿的回答，教师进行总结	●物料：小红帽手偶、小红帽妈妈手偶

主题活动二："小红帽遇到了大灰狼"

内　　容	备　　注
指导语： "小红帽和大灰狼碰上了，看看他们发生了什么吧。" 教师扮演旁白，并扮演大灰狼，助教扮演小红帽，演绎小红帽遇到大灰狼的情节。 互动环节： （1）教师将绘本中大灰狼的问题依次询问幼儿，进行互动。 （2）将幼儿分组，讨论如何对付大灰狼，在教师的引导下，选出一名大灰狼并进行小组演绎。 （3）教师引导幼儿，小红帽是因为不知道大灰狼的可怕，所以才选择相信它。如果我们在生活中遇到了陌生人，在不了解对方的情况下，应该怎么做呢？	●物料：大灰狼和小红帽手偶、大灰狼头饰、红色的帽子。 ●戏剧手法：教师入戏。 ●教学小提示： 若无人想扮演大灰狼，则由助教代替

主题活动三："当心大灰狼"

内　　容	备　　注
指导语： "大家想一想大灰狼把小红帽的外婆吃掉后，会怎么骗小红帽呢？" 教师扮演旁白，并扮演大灰狼，助教扮演小红帽，演绎小红帽到了外婆家以后的情形。 （1）表演环节： ①邀请幼儿思考如果自己是小红帽，会相信大灰狼说的话吗？ ②邀请幼儿们集体扮演小红帽，助教扮演奇怪的"外婆"。让小红帽对奇怪的"外婆"提问，奇怪的"外婆"给予回应。 ③邀请幼儿思考哪些问题可以让奇怪的"外婆"露出破绽。 （2）在教师的引导下，幼儿分享通过小红帽的经历学习到的内容，教师进行总结	●物料：大灰狼和小红帽手偶、外婆的衣服。 ●戏剧手法：教育戏剧、集体角色、结局创作。 ●教学小提示： 教师在扮演大灰狼之前讲清规则。例如，当教师披上外套时就是大灰狼，脱下外套后就是教师

五、活动延伸

课后组织幼儿学习自我保护类诗歌。

案例三：《小种子》

一、活动目标

（1）知道植物生长需要阳光、水分、适宜的温度和土壤等自然条件。

（2）共同种植植物，并照看植物。

（3）愿意爱护植物、尊重生命。

二、活动重点、难点

重点：植物生长需要阳光、水分、适宜的温度和土壤等自然条件。

难点：如何爱护植物、尊重生命。

三、活动准备

经验准备：教师课前组织幼儿观赏教室内绿植，了解植物。

物料准备：魔法棒，绘本，故事 PPT，花朵玩偶或面具，小鸟、蝴蝶、蜜蜂等的翅膀饰品，与种植活动相关的物品。

环境准备：教室内布置些绿植，准备安静、无干扰、面积适合的活动教室，几张桌子。

四、活动过程

故事简介：秋天到了，大风吹起来了。大风把花的种子吹到半空中，要带着种子飞向遥远的地方。然而有一粒种子它很小很小，比其他的种子都小。它能跟得上其他的种子吗？它们要飞到哪儿去呢？

热身游戏："小种子"

内 容	备 注
教师讲解游戏规则： "今天老师要带领小朋友们玩的游戏叫'小种子'，现在大家都变成一粒小种子，我们的教室变成了一片土地，跟着我说的话大家来长成一棵大树哦。现在小种子们在土里（依次让幼儿蹲下来），我来给它浇一浇水（老师假装给小种子们浇水），我发现小种子们已经开始冒芽了。第二次我看小种子的时候，发现它们已经变成了小树苗。今天风很大，小树苗被吹得左摇右摆。风终于停了，天也黑了，小树苗们累得睡着了。很长时间过去了，我去看小树苗的时候，它们已经从小树苗成功长成了大树啦！"	●教学小提示： （1）这是一个假装游戏，幼儿根据教师的引导即兴表演。 （2）说第二次去看小种子、去看小树苗之前，教师在原地走2圈或走出教室再走回来

主题活动一："小种子历险记"

内 容	备 注
指导语： "今天我们的故事也是和一粒小种子有关，大家想一想除了树种子，还有什么种子呀？现在我们一起走进小种子的世界吧！" （1）讲故事环节： 教师开始讲故事：从秋天来了——这些种子又会去哪里呢结束。 （2）提问环节： ①这粒小种子能不能跟上别的种子？ ②这些种子又会去哪里呢？ （3）故事棒环节： 教师用故事棒的形式，一边说故事，一边请幼儿扮演小种子。从一粒种子飞得特别高——小鸟都看不见结束。 （4）提问环节： ①刚才的种子都经历了什么？ ②小种子这一路的心情是怎样的？	●物料：魔法棒。 ●戏剧手段：故事棒。 ●教学小提示： 引导幼儿回答，小种子要去的地方需要阳光、适宜的温度、水分、土壤

主题活动二："变成巨人花的小种子"

内　容	备　注
指导语： 　"小种子飞得那么高，大家想不想知道小种子飞到哪儿了，它途中发生什么了呢？" （1）讲故事环节： 　教师继续讲故事，从种子经过长途旅行—那么好的花结束。 （2）提问环节： 　①大家发现小种子变成了什么？ 　②它此刻的心情是什么样的呢？ （3）表演环节： 　①单人表演：在教师的引导下，邀请幼儿一起体验小种子长成巨人花的过程，参考热身游戏的玩法。 　②小组表演：将幼儿分组，巨人花组、小鸟组、蜜蜂组、蝴蝶组。巨人花组摆好形状定在教室中间，小鸟组、蜜蜂组、蝴蝶组依次与巨人花组进行互动，一起演绎"整个夏天，小鸟、蜜蜂、蝴蝶不停地来拜访，它们也从没看到过那么巨大、那么好看的花！"的情景。 （4）互动环节： 　①大家想一想，夏天以后，小种子会是怎样的呢？ 　②教师继续讲故事，从又一个秋天—随风飘去结束	●物料：绘本，故事PPT，花朵玩偶或面具，小鸟、蝴蝶、蜜蜂等的翅膀饰品。 ●戏剧手段：即兴表演、思维追踪

主题活动三："小种子快长大"

内　容	备　注
指导语： 　"巨人花的小种子又开始了它的成长旅途。现在我们一起来种植小种子哦。如果我是一粒小种子，大家觉得我需要什么才能长大呢？"	●物料：与种植活动相关物品。

（续表）

内　容	备　注
（1）互动环节： ①小种子想要快快长大需要什么呢？（引导幼儿说出需要阳光、水分、土壤、温度） ②现在邀请一位小朋友扮演一粒小种子，请大家扮演小种子长大需要的条件。 　助教走到"小种子"前面说，我是阳光（摆出阳光的造型），给幼儿做示范。下一位幼儿可以说我是土壤（摆出土壤的造型），依次类推，引导幼儿加深对种植条件的印象。 （2）种植环节： 　教师与幼儿共同种植植物，并作为班级内的观赏植物	●戏剧手段：定格画面。 ●教学小提示： 教师与家长提前备好种植植物的物品，如提前让幼儿家长提供种子、种植工具等

五、活动延伸

幼儿每天轮流照看植物，并观察、记录植物的成长状态。

案例四：《丑小鸭》

一、活动目标

（1）理解故事内容，能听懂丑小鸭变成白天鹅的过程。

（2）能用表演的方式展现故事情节，并用连贯的语言回答问题。

（3）喜欢表达自己的愿望，敢于大胆表述自己的见解。

二、活动重点、难点

重点：理解故事内容。

难点：表演出故事情节，体现出丑小鸭的悲伤、白天鹅的快乐。

三、活动准备

经验准备：知道鸭子会下出鸭蛋，了解鸭子和天鹅的外貌特点。

物料准备：舒缓的音乐、鸭妈妈头饰、丑小鸭的服装、绘本、故事 PPT、老婆婆服饰。

环境准备：安静、无干扰、面积适合的活动教室。

四、活动过程

故事简介：鸭妈妈孵了一窝蛋，其中有一枚很大的蛋，她却不认识。这枚蛋孵出来的居然是一只毫不起眼的丑小鸭，除了鸭妈妈，见到它的动物和人都嫌弃它，丑小鸭又孤独又伤心……历经重重磨难后，它变成了一只美丽的白天鹅。

热身游戏："我是一颗鸭蛋"

内　　容	备　　注
指导语： "小朋友们，今天大家玩的游戏叫'我是一颗鸭蛋'。" 教师讲解游戏规则： 　　"所有的小朋友都变成一颗鸭蛋，用最舒服的姿势在蛋壳里睡觉，像在妈妈的怀抱里一样温暖……这时候噼噼！蛋壳响起来，所有的蛋慢慢地裂开，变成了小鸭子，小鸭子站起来缓缓地走来走去。小鸭子们向左看看、向右看看这个神奇的世界。并且开始嘎嘎嘎地叫起来，相互之间打招呼！"	● 物料：舒缓的音乐。 ● 教学小提示：幼儿在教师的引导下，表演从一颗蛋到裂开成为一个小鸭子的过程

主题活动一："认识丑小鸭"

内　　容	备　　注
（1）助教入戏扮演丑小鸭，根据教师的描述进行表演。 指导语： 　　"这个时候丑小鸭的蛋壳，噼啪地裂开了，它伸出了小脑袋，走出了小蛋壳，它的毛灰灰的，嘴巴大大的，身子瘦瘦的，大家都叫它丑小鸭。" 　　"这个鸭子和其他的鸭子不大一样，不知道会不会游泳，现在就来试一试。" （2）表演环节： 　　教师引导幼儿将教室想象成小河，把小椅子当作小石头，所有幼儿变成小鸭子，教师即兴引导，将幼儿带入情景中，和丑小鸭一起游泳。 （3）场外音环节： 　　① "瞧！现在又来了一批找东西吃的客人，好像我们的人数还不够多似的！哎哟！瞧那只小鸭子，它长得真丑！" 　　② "对，它的嘴太大了，太特别了！" 　　③ "它们都很漂亮，只有它长得那么特别，听说它叫丑小鸭啊。哈哈哈哈！"	● 物料：鸭妈妈头饰、丑小鸭的服装、绘本、故事PPT。 ● 戏剧手段：教师入戏、场外音、定格画面。 ● 教学小提示：场外音可以由助教读出来或播放提前录下的内容

（续表）

内　　容	备　　注
（4）互动环节： ①所有人都不喜欢丑小鸭，大家觉得是什么原因呢？ ②如果你是丑小鸭，用一个动作来表演你听到这些话的心情	

主题活动二："丑小鸭遇见老婆婆"

内　　容	备　　注
（1）教师作为旁白解说者，助教扮演丑小鸭配合表演： 教师（旁白）："丑小鸭一边哭一边走，说道。" 丑小鸭（助教）："大家都不喜欢我，嫌我丑，看见我都会跑掉，白天我只好躲起来，晚上才出来找吃的，我好难过，该怎么办？" 教师（旁白）："丑小鸭走到了小河边，它看见了一群天鹅从空中飞过，丑小鸭望着洁白美丽的天鹅，又惊奇又羡慕，天越来越冷，湖面结了厚厚的冰，丑小鸭趴在冰上冻僵了。" （2）教师邀请一位幼儿扮演老婆婆： 教师（旁白）："幸亏一位老婆婆发现了冻僵的丑小鸭，并把它带回了家里。" （3）互动表演： ①丑小鸭走了以后，丑小鸭的妈妈和它的兄弟姐妹会说什么呢？ ②老婆婆会怎么对丑小鸭呢？邀请几位小朋友表演老婆婆是怎么照顾丑小鸭的。 ③丑小鸭在被老婆婆照顾的时候，心里都会想些什么呢？	●物料：鸭妈妈头饰、老婆婆服饰。 ●戏剧手段：教师入戏、故事剧场。 ●教学小提示： 如果幼儿扮演老婆婆困难，助教入戏扮演老婆婆

主题活动三："丑小鸭变成天鹅"

内　　容	备　　注
（1）讲故事环节： "春天来了，小草绿了，小花开了，丑小鸭也长大啦！这一天丑小鸭发现自己的翅膀变得很有力，于是它飞了起来，飞到了小河边，它扑扑翅膀，向湖边飞去，突然看见镜子似的湖面上，映出一个漂亮的影子，是美丽的白天鹅，原来是丑小鸭长大变成白天鹅了，它害羞地低下了头。" （2）互动表演： 　①教师邀请幼儿上台自由表演丑小鸭变成白天鹅的过程，教师随机抽几只"白天鹅"分享此刻的心情。 　②丑小鸭变成白天鹅后，小朋友们想对白天鹅说一些什么呢？	● 物料：丑小鸭的服装。 ● 戏剧手法：定格画面、思维追踪

五、活动延伸

教师将鸭妈妈、丑小鸭、老婆婆等服饰投放到区角，让幼儿在区角自由进行活动。

案例五：《爱音乐的马可》

一、活动目标

（1）了解各种乐器及其声音，提升对艺术的兴趣。

（2）充分体验音乐游戏带来的乐趣，乐于参加表演活动。

（3）能通过拍手或简单的乐器表演出基本节奏。

二、活动重点、难点

重点：各种乐器及其声音。

难点：能借助工具表演出基本节奏。

三、活动准备

经验准备：认识常见的乐器，可以跟随音乐律动。

物料准备：贝瓦儿歌《合拢张开》音乐，《杜娟圆舞曲》音乐，绘本，故事PPT，绘本中出现的乐器演奏的声音，奥尔夫音乐教具，马可爸爸、妈妈手偶，话筒。

环境准备：安静、无干扰、面积适合的活动教室。

四、活动过程

故事简介：马可很有音乐天赋，任何乐器他都会演奏。但是，爸爸嫌他吵，邻居抱怨他，只有妈妈喜欢并支持他的音乐……马可"没有心情演奏"，并打算不再演奏了。慢慢地，爸爸和邻居们不适应没有马克演奏的生活，大家开始期待着马可的演奏……直到春天，小鸟叽叽喳喳地叫了起来，马可说"我有心情演奏了"，大伙儿高兴极了，并纷纷加入了他的演奏。

热身游戏："跟着音乐动起来"

内　　容	备　　注
（1）教师示范动作并带领幼儿一起动起来："我们围成圈站好，竖起小耳朵来听一首好听的音乐，跟着音乐我们一起动起来吧。" （2）重复音乐再来一次	● 物料：贝瓦儿歌《合拢张开》音乐

主题活动一："一起演奏吧"

内　　容	备　　注
指导语："除了儿歌，我们还可以用乐器演奏美妙的音乐，请问小朋友们认识哪些乐器呢？有一位叫马可的小朋友也很爱演奏乐器，我们一起来看看他是怎样演奏的呢？" （1）表演环节：邀请幼儿表演演奏乐器时的动作（绘本中出现的乐器），并感受该乐器发出的声音，教师给予适当的示范指导。"我们一起来试试，像马可一样演奏这些乐器吧！并认真听听这些乐器的美妙声音！"例如，教师引导幼儿做出演奏长号的动作，在幼儿表演的同时，播放演奏长号的声音。 （2）演奏环节：准备一段节奏简单、轻快的乐器音乐，邀请幼儿感受节拍并跟着教师打节拍	●物料：绘本、故事PPT、绘本中出现的乐器演奏的声音。 ●教学小提示：教师需预习绘本中出现的乐器的专业演奏姿势

主题活动二："令人疯狂的音乐"

内　　容	备　　注
指导语： "小朋友们刚刚的演奏太精彩了！大家想象一下，如果马可每天不停地演奏会发生什么事呢？我们一起来看看吧。" （1）教师用手偶或与助教合作演绎以下内容： 马可爸爸："马可的音乐简直让我发疯！我的耳朵都快聋啦。" 马可妈妈："熟能生巧嘛！戴上耳塞，声音就不会那么大啦。" 马可爸爸："可声音还是挡不住嘛！唉，就为了这么个没天分的孩子！" 马可妈妈："那是你的想法，我可不这么认为。" （2）记者团环节： 　　教师邀请幼儿扮演马可的邻居、朋友和同学，助教入戏为记者，入场进行采访。可提问：你是马可的什么人？你喜欢音乐吗？你对于马可整天演奏有什么看法？等等。 　　"现在，记者要采访一下马可的邻居、朋友和同学，听听他们对于马可每天不停地演奏有怎样的想法呢？" （3）提问环节： ①如果马可听到大家的想法，他会是怎样的心情呢？ ②他会放弃自己每天的演奏吗？	●物料：马可爸爸、妈妈手偶，话筒。 ●戏剧手段：教师入戏、记者团

主题活动三："小小演奏团"

内　　容	备　　注
（1）讲故事环节1： 用故事PPT展示马可放弃演奏的画面。 "我们一起来看看马可的选择？"	●物料：绘本、故事PPT、《杜鹃圆舞曲》音乐、奥尔夫音乐教具。

（续表）

内　　容	备　　注
（2）记者团环节： 再次请出助教入戏为记者，幼儿选择扮演马可的邻居 / 爸爸 / 妈妈 / 朋友，说出想对马可说的话。可提问：听不到马可的音乐，大家是否会想念马可的音乐呢？有什么话想对马可说呢？ （3）讲故事环节2： 春天来了，马可听到一只小鸟在歌唱……突然之间，好心情就来了！马可又开始演奏、开始练习啦，这一回，没有人再抱怨了。而且，大家还都加入了演奏！ （4）自由演奏环节： 请幼儿选择自己喜欢的乐器，加入《杜鹃圆舞曲》音乐的演奏	●戏剧手段：记者团

五、活动延伸

教师将奥尔夫音乐教具投放到区角，课后时间让幼儿自主练习玩耍。

案例六：《青蛙王子》

一、活动目标

（1）了解故事发展的情感脉络，懂得在得到帮助后要心怀感恩。

（2）培养善良、乐于助人的美好品德。

（3）感受童话故事的丰富多彩，并敢于表达内心的真实想法。

二、活动重点、难点

重点：懂得要具有善良、乐于助人、感恩的美好品德。

难点：定格画面时能说出所扮演角色的内心活动，体会主人公的内心情感。

三、活动准备

经验准备：了解童话故事中的公主城堡、现实生活中的城堡会有哪些房间及人物。

物料准备：美纹纸胶带、魔法棒、金球。

环境准备：安静、无干扰、面积适合的活动教室。

四、活动过程

故事简介：有一位公主不小心弄丢了心爱的金球，一只青蛙帮她找回了金球，青蛙希望和公主做朋友，公主答应了，但是没有兑现承诺。其实，青蛙本来是位英俊的王子，被巫婆施了诅咒。后来青蛙变回了王子，并和公主幸福地生活在了一起。

热身游戏："我说你摆"

内　　容	备　　注
指导语： "小朋友们，今天我们来玩一个有趣的游戏叫'我说你摆'，大家想一想公主应该是什么样的？我们一起来摆出公主的造型吧。" 教师讲解游戏规则： 当教师说"公主"时，幼儿就要摆出公主的造型；当教师说"王子"时，幼儿就要摆出王子的造型；当教师说"青蛙"时，幼儿就摆出青蛙的造型	●教学小提示： （1）教师可以走入幼儿当中，一起表演。 （2）游戏环节可添加绘本外的人物，如侍卫、国王等

主题活动一："公主的城堡"

内　　容	备　　注
指导语： "今天的故事也是和公主有关的，大家觉得公主生活的城堡里会有什么呢？" （1）建构空间环节： 教师根据幼儿的回答，用美纹纸胶带贴在地面上，构建出城堡内部结构，并给幼儿介绍。 "现在我们把教室按照大家刚刚说的城堡的样子来改造！" （2）教师入戏环节： ①教师入戏为公主城堡里的管家，邀请幼儿选择城堡中工作的角色进行扮演，并走进城堡进行工作。 ②管家（教师）与幼儿扮演的人物进行互动。比如：你是谁呀？你现在正在做什么呢？	●物料：美纹纸胶带、魔法棒。 ●戏剧手法：建构空间、定格画面、思维追踪

主题活动二："我的金球丢了"

内　容	备　注
指导语： "公主的城堡里非常漂亮，那接下来会发生什么有趣的故事呢？我们一起来看一看。" （1）故事棒环节： 　教师按绘本内容讲述故事：从公主得到金球—格外喜欢金球—金球丢失—遇见青蛙结束。 （2）提问环节： 　为什么公主会如此喜爱这个金球？金球代表了什么呢？ （3）表演环节： 　①教师与一名幼儿或助教做示范，一人扮演青蛙，一人扮演公主。将幼儿分为两两一组，模仿教师的表演。 　②将青蛙帮公主捡起金球的情节做画面定格，提醒幼儿重点将公主和青蛙各自的表情表现出来。 　③教师轻拍幼儿，被拍到的幼儿说出心里的想法	● 物料：金球、魔法棒。 ● 戏剧手段：故事棒、定格画面、思维追踪。 ● 教学小提示： （1）故事棒环节可不按绘本内容讲述，建议教师用魔法棒来增加角色以丰富情节，如水精灵、花仙子等。 （2）可多人演一个角色，如金球、湖水；公主、王子不要一人演到尾，要求多数幼儿参与

主题活动三："青蛙变王子"

内　容	备　注
指导语： "刚刚的故事讲到公主看到了青蛙，那么小朋友们想不想知道之后发生了什么事情呢？下面我们再次跟随老师手中的魔法棒一探究竟吧。" （1）故事棒环节： 　教师按绘本讲故事：从青蛙找金球—还给公主，想与她做朋友—公主答应了—公主逃跑—谁知他一落地，已不再是青蛙，一下子变成了一位王子结束。	● 物料：魔法棒。 ● 戏剧手段：故事棒

（续表）

内　容	备　注
（2）提问环节： ①青蛙帮助了公主，大家觉得这只青蛙怎么样？ ②国王对公主说了什么？他为什么要这样做呢？ （3）教师帮助幼儿进行总结	

五、活动延伸

幼儿创编王子和公主后来的故事。

案例七：《咚咚咚，是谁啊》

一、活动目标

（1）知道独自在家时不要给陌生人开门。

（2）提升观察能力，能观察出人物的变化。

（3）乐于在大众面前表达、大胆发言。

二、活动重点、难点

重点：独自在家时不要给陌生人开门，并学会保护自己。

难点：具有观察能力，能观察出人物的变化，并掌握正确、有礼貌地敲门的方法。

三、活动准备

经验准备：活动前组织幼儿开展过有关"安全意识"的活动，幼儿对"自己一个人时会有危险"有初步认知。

物料准备：《小兔子乖乖》儿歌视频，猩猩、巫婆、幽灵、恶龙、大巨人的代表物件，一双棉拖鞋，爸爸的代表物件，杯子。

环境准备：安静、无干扰、面积适合的活动教室。

四、活动过程

故事简介：咚咚咚！是谁啊？我是超级大猩猩，如果你让我进去，我要紧紧抱住你！那我可不让你进来；咚咚咚，是谁啊？我是邪恶老巫婆，如果你让我进去，我要把你变成青蛙！那我可不让你进来；咚咚咚，是谁啊？我是可怕怪幽灵，如果你让我进去，我要好好吓吓你！那我可不让你进来；咚咚咚，是谁啊？我是身披鳞甲大恶龙，如果你让我进去，我要用你做甜点！那我可不让你进来；咚咚咚，是谁啊？我是最高大巨人，如果你让我进去，我会一脚踩扁你！那我可不让你进来；咚咚咚，是谁啊？我是爸爸最爱你，大大的拥抱在等你，讲个故事给你听，还有热热的巧克力。请问我可以进来吗？进来，进来，快进来！刚才门口有一只大猩猩，一个巫婆，一个幽灵，一条恶龙，一个巨人。其实……我知道那就是你。

热身游戏："小兔子乖乖"

内　容	备　注
教师带领幼儿唱跳《小兔子乖乖》歌曲	●物料：《小兔子乖乖》儿歌视频

主题活动一："咚咚咚，是谁呀"

内　容	备　注
指导语： "我们来玩一个叫'咚咚咚，是谁呀'的游戏，小朋友们竖起小耳朵认真听好游戏规则哦！" 教师讲解游戏规则： 　　所有人先围成一个圆圈，邀请一位幼儿走在圆圈中，在任意一位小朋友面前停下，说"咚咚咚"并做出敲三下门的动作，所有人要一起问：是谁呀？敲门的幼儿可以随便说出一个小动物的名称，或者卡通人物的名字，被敲门的幼儿需要表演出看见人物的反应。例如，如果圆圈中说出我是大灰狼，被敲门的幼儿表演出看到大灰狼的反应	

主题活动二："都是谁来敲门"

内　容	备　注
指导语： 　　"今天我们要讲的故事名字叫《都是谁来敲门》，需要小朋友们和我一起来完成这个故事哦，请小朋友们认真听故事，当我说：'咚咚咚'的时候。小朋友们要说：'是谁呀？'大家准备好，我们开始啦！"	●物料：猩猩、巫婆、幽灵、恶龙、大巨人的代表物件，一双棉拖鞋。

（续表）

内　容	备　注
（1）表演环节： 　　助教依次扮演绘本里的人物（猩猩、巫婆、幽灵、恶龙、大巨人），按照绘本内容说出该人物的对话，以及表演该人物的动作，与幼儿互动。教师引导幼儿与助教扮演的人物进行对话。注意，助教扮演每个人物时，都要穿好拖鞋，为主题活动三做准备。 （2）讨论环节： ①询问幼儿刚才都有谁在敲门？ ②为什么我们没有给他们开门呢？	●戏剧手法：教师入戏

主题活动三："不要给陌生人开门"

内　容	备　注
（1）表演环节： 　　邀请想展示的幼儿扮演不同的人物（猩猩、巫婆、幽灵、恶龙、大巨人），说出对应的人物和动作。教师引导其他幼儿与其互动，比如：我是超级大猩猩……其他幼儿说：那我可不让你进来！ （2）助教穿拖鞋，入戏为爸爸敲门，教师引导幼儿回答：进来，进来，快进来！ （3）互动环节： 　　①为什么小朋友们知道是爸爸在敲门呢？教师提示幼儿，爸爸穿的拖鞋。 　　②小朋友们如果一个人在家/在外，要注意些什么呢？	●物料：猩猩、巫婆、幽灵、恶龙、大巨人、爸爸的代表物件，一双棉拖鞋，杯子

五、活动延伸

　　幼儿与家长分享在家或在外的安全注意事项，家长为幼儿做补充。

三、大班活动案例

案例一：《没有牙齿的大老虎》　　　○- - - - - - - - - - - - - -

一、活动目标

（1）懂得保护牙齿的重要性，形成保护牙齿的意识。

（2）掌握正确的刷牙方法，养成早晚刷牙的好习惯。

（3）能够大胆想象角色的外貌、行为特征、心理活动，并演绎。

二、活动重点、难点

重点：会保护牙齿、正确刷牙。

难点：通过魔法棒表演，体会大老虎的心情，形成保护牙齿的意识。

三、活动准备

经验准备：了解牙齿的功能。

物料准备：小鼓、鼓棒、《森林狂想曲》音乐、坏掉牙齿的卡片、魔法棒。

环境准备：安静、无干扰、面积适合的活动教室。

四、活动过程

故事简介：森林里的小动物们都怕老虎，可狐狸却说自己一点也不害怕，它还能把老虎的牙齿都拔掉，大家都认为狐狸吹牛。狐狸想了一个办法：送糖给老虎。老虎的好朋友狮子听说了以后，就劝老虎吃完糖要刷牙，但是狐狸骗老虎刷牙糖就浪费了。老虎选择相信了狐狸。久而久之，狐狸拔掉了老虎所有的牙齿。

热身游戏："动物园"

内　容	备　注
指导语： "小朋友们，大家去过动物园吗？你们最喜欢哪个动物呢？今天老师带大家玩的游戏就是关于这些可爱的小动物的。" 教师讲解游戏规则： 　　幼儿在指定范围内随意走动，根据教师击鼓的速度调整行走的速度。当教师说出小动物（猴子、狐狸、老虎等）的名称时，幼儿停下，并做出该动物最具代表性的动作，定住 3 秒后恢复行走	●物料：小鼓、鼓棒。 ●教学小提示： （1）教师设定的动物需涵盖接下来活动中提到的动物。 （2）没有淘汰制度

主题活动一：我们的"森林世界"

内　容	备　注
指导语： "小朋友们知道森林里都有什么声音吗？我先来模仿一段声音，大家猜一猜好不好？（如鸟叫声、流水声、风声……）接下来请每个小朋友选择一种声音来模仿，我们一起用声音来创作一个属于我们的森林世界吧！" （1）声音拼贴环节： 　　播放《森林狂想曲》，可以一起或分组邀请幼儿加入不同的声音中，演绎森林世界。 （2）教师带领幼儿探索神秘的森林世界，在探索的过程中，捡到地上的牙齿卡片。 （3）见物知人环节： 　　教师拿到老虎坏掉牙齿的卡片，询问幼儿这是谁的牙齿呢？这个牙齿怎么了？我们一起来看看老虎的牙齿为什么会变成这样呢？	●物料：《森林狂想曲》音乐，坏掉牙齿的卡片。 ●戏剧手段：见物知人、声音拼贴。 ●教学小提示： （1）在声音拼贴环节，请教师多做一些示范，如有奥尔夫乐器，也可以用作教学工具。 （2）课前将牙齿卡片提前放置在教室的某处

主题活动二："牙齿丢失记"

内　　容	备　　注
指导语： "接下来就让魔法棒带领大家来探索答案吧……""小朋友们，接下来这根神奇的魔法棒指到谁，谁就会变成我口中的角色，魔法棒一挥，魔法就消失了，小朋友们就回到自己的座位上。现在我们来试一试这神奇的魔法吧。" （1）故事棒环节： 　　按绘本内容讲述故事：从狐狸吹牛—诱骗老虎—狮子劝说—老虎牙疼—第一次拔牙失败—狐狸拔牙—老虎感谢结束。 （2）提问环节： 　①老虎为什么轻易相信了狐狸的话吃下了糖果？ 　②狮子为什么要劝说老虎呢？ 　③如果你是狮子，看到老虎的牙全都被拔了，你是什么心情呢？	●物料：魔法棒。 ●戏剧手段：故事棒。 ●教学小提示： （1）在故事棒环节，教师可不按绘本内容讲述，可用故事棒来增加角色以丰富情节。（例如，牛大夫可由两人饰演，牛大夫头上的大夫帽子、脖上挂的听诊器、狐狸给老虎拔牙的工具等都可以让幼儿扮演） （2）对话处教师按绘本读，幼儿重复即可

主题活动三："不一样的大老虎"

内　　容	备　　注
指导语： "作为森林之王的大老虎，没有了牙齿它会怎样生活呢？下面我们分组进行表演。" （1）表演环节： 　　请幼儿分组表演没有牙齿的大老虎怎么生活，或者没有牙齿的大老虎和其他动物们在森林里生活时的情景。 （2）总结环节： 　①讨论如何保护牙齿。 　②讲解正确的刷牙方法，并邀请个别幼儿进行示范。	●戏剧手段；定格画面、思维追踪

（续表）

内　　容	备　　注
（3）反思环节： 　①故事中的狮子让你想起了谁？ 　②小朋友吃糖吃太多的时候，爸爸妈妈是怎么做的呢？大家有什么要和爸爸妈妈说的吗？ 　③一起学习《刷牙歌》	

五、活动延伸

幼儿回家后，早晚和家人一起练习正确刷牙。

案例二：《小兔子走丢了》

一、活动目标

（1）知道在外面需要牵着大人的手，不到处乱跑。

（2）增强自我保护意识。

（3）感受小兔子与大兔子之间浓浓的爱，加深对家人的关爱。

二、活动重点、难点

重点：知道在外面需要抓紧大人的手，不到处乱跑，提高自我保护意识。

难点：通过物品分析小兔子的性格、喜好。

三、活动准备

经验准备：组织幼儿开展过有关"安全意识教育"的社会领域活动，幼儿对"外出时应抓紧家长的手"有初步认知。

物料准备：警服、兔耳朵（兔妈妈）、安全类图片（陌生人给糖果吃、小孩在河边玩耍、在室内玩火柴等）、寻人启事（小兔子）、背包（内含小兔子的身份证、糖果、自画像、指甲油、化妆品等）、海报纸、彩笔、魔法棒、漏气的红气球、大树道具、小兔子手偶、一块布、勋章贴纸。

环境准备：安静、无干扰、面积适合的活动教室。

四、活动过程

故事简介：今天是个特殊的日子，小兔子觉得自己长大了。这天，全家一起去兔子世界玩。小兔子什么都想玩，可兔妈妈总是说它还太小，不能玩。找呀找，终于找到了可以玩的游戏。玩得开心的小兔子突然发现妈妈不见了……

热身游戏："看看谁是领头羊"

内　容	备　注
（1）教师入戏为红红警官（穿上警服）： "小朋友们好！我是红红警官，欢迎来到小民警训练营，现在所有小朋友都变成一名小民警。要想做一名优秀的小民警，我们需要有仔细观察的能力。下面我们来做一个'谁是领头羊'的训练，来提升各位小民警的观察力。" （2）教师讲解游戏规则： 　请所有幼儿围成一个圆圈，选出一名幼儿作为观察者到门外等候，再选出一名幼儿当"领头羊"带领大家做动作。"领头羊"可随时变换动作，其余幼儿跟随"领头羊"做动作。十秒后观察者进来，有三次机会猜出哪个幼儿是"领头羊"，三次没有猜出视为失败。 （3）教师按照实际情况来选出"领头羊"和观察者，可进行多次游戏	●物料：警服。 ●戏剧手段：教师入戏。 ●教学小提示：幼儿进入教室，需要教师把幼儿带入小民警正常生活的情景中，且全程需教师入戏为红红警官

主题活动一："来自兔妈妈的求助"

内　容	备　注
指导语： 　"下面请大家在这些图片中找到可能发生危险的情况，看看谁发现的最多。" （1）邀请两名小民警说一说如何避免这些危险呢？ （2）这时，兔妈妈（助教）敲门进入警察局，告诉大家她的孩子走丢了。红红警官提出线索需求，于是兔妈妈向民警展示小兔子的背包和寻人启事，想得到大家的帮助。兔妈妈（助教）找个借口离开警察局。 （3）红红警官把小兔子的背包里的物品分发给小民警，引导小民警说出小兔子的性格、喜好等	●物料：兔耳朵（兔妈妈）、安全类图片（陌生人给糖果吃、小孩在河边玩耍、在室内玩火柴等）、寻人启事、背包（内含小兔子的身份证、糖果、自画像、指甲油、化妆品等）。 ●戏剧手段：教师入戏、见物知人

主题活动二："寻找小兔子"

内　容	备　注
指导语： 　　"各位小民警们根据对小兔子的物品的观察、分析，已经对小兔子有了初步的了解，但小兔子为什么会走丢我们还不是很清楚。所以刚才我给兔妈妈打电话，让她再来和我们说一说，小兔子走失之前究竟发生了什么事？但是兔妈妈对游乐园不是很熟悉，需要一张游乐园的地图，来帮助她回想起小兔子走丢的场景。" 　　（1）根据小民警说出的游乐园里的设施，红红警官（教师）在海报纸上画出游乐园地图。 　　（2）邀请小民警们在教室内根据地图内游乐设施相应的位置，用身体表示出游乐设施的样子	●物料：海报纸、彩笔、魔法棒。 ●戏剧手段：教师入戏、建构空间。 ●教学小提示：幼儿用身体表示游乐设施的样子前，教师可适当做些示范帮助幼儿理解

主题活动三："找到小兔子"

内　容	备　注
指导语： 　　"兔妈妈说小兔子一直带着一只红色的气球，那是不是我们找到了红色气球，就能找到小兔子了，我们赶紧找一找吧！" 　　（1）提前准备一块布，布置出小兔子手偶在大树道具下面完全被盖住，小兔子手偶身上绑着的漏气的红气球露出一点的场景。 　　（2）红红警官（教师）引导幼儿发现这个地方并找到小兔子，原来她睡着了。 　　（3）引导小民警说出对小兔子和兔妈妈（助教）关于自我保护的提示。 结束语："各位小民警表现得都非常棒，现在我们排好队颁发勋章啦！"	●物料：漏气的红气球、大树道具、小兔子手偶、一块布、勋章贴纸。 ●戏剧手段：教师入戏。 ●教学小提示：教师可用小兔子手偶与幼儿互动对话

五、活动延伸

　　将活动中的警服、兔耳朵、手偶等道具投放到区角，幼儿在区角中进行自主活动。

案例三：《三只小猪盖房子》

一、活动目标

（1）了解稻草、木头、砖头的不同特性及其不同的用途。

（2）能够通过实验来观察、比较、分析，发现不同种类物品的特征。

（3）乐于探究新事物并把探究结果运用到生活中。

二、活动重点、难点

重点：稻草、木头、砖头作为盖房子材料的各自特性。

难点：不同种类物品的特征且其具有不同的用途。

三、活动准备

经验准备：能够用不同物品进行搭建、垒高。

物料准备：草料、木头、砖头道具，猪妈妈道具，吹风筒，玻璃弹珠，冰块，水枪，针管，美纹纸胶带、大灰狼道具。

环境准备：安静、无干扰、面积适合的活动教室。

四、活动过程

故事简介：三只小猪日渐长大，在告别了猪妈妈后，它们准备各自盖一间属于自己的房子。老大很快找到稻草，盖了一间草房，老二盖了木房。老大、老二都已经住进新房子两个月了，老三却还在夜以继日地搭建砖房……终于老三的砖房盖好啦！可是大灰狼来了……老大的草房和老二的木房接连被大灰狼毁掉，只有老三的砖房屹立不倒……最终三只小猪齐心协力打败了大灰狼。

热身游戏："盖房子"

内　容	备　注
指导语： "今天我们要玩的是用身体盖房子的游戏！比如：我现在想盖一个蘑菇形状的房子，这个房子可以是斜着的、倒着的、高的、低的。" 教师讲解游戏规则： 邀请幼儿找一个小伙伴，两人一组盖房子，盖好后定住，教师轻拍谁，谁就开始介绍房子材质、颜色、盖在哪、住着谁等	●教学小提示： 游戏开始前请老师示范如何用身体盖房子

主题活动一："一起盖房子"

内　容	备　注
指导语： "今天的故事和盖房子有关。猪妈妈想让它的孩子们学习盖房子，让我们来听一听它是怎么说的呢？" （1）教师入戏环节： 教师入戏为猪妈妈出场，介绍三个儿子，以及为了让它们独立，让它们自己盖房子。 （2）讲故事： 讲到三只小猪分别盖完房子。 （3）实验环节： 盖房子的材料有很多，今天我们一起研究这三种：草料、木头、砖头。现在我们来做实验，看一下到底哪种材料更适合盖房子呢？请小朋友们模拟并记录实验结果。 （4）实验环节： 教师邀请三位幼儿扮演小猪，引导其用拿到的对应的材料来盖房子，垒高等简单操作即可。	●物料：草料、木头、砖头道具，猪妈妈道具，吹风筒，玻璃弹珠，冰块，水枪，针管。 ●戏剧手段：教师入戏

（续表）

内　容	备　注
盖好房子后邀请其他幼儿来观察：三个房子分别遇到大风天、冰雹天、雨天会是什么样的情形。幼儿可以用图形符号或文字记录实验结果。 　　①首先我们来模拟大风天的情景，三个房子分别会变成什么样呢？（幼儿用嘴吹或者用吹风筒吹模拟大风天） 　　②接下来，我们来模拟冰雹天的情景，三个房子分别会变成什么样呢？（用玻璃弹珠或用冰块来模拟冰雹天） 　　③最后，我们来模拟下雨天的情景，三个房子分别会变成什么样呢？（用水枪或者针管来模拟下雨天）	

主题活动二："狼来了"

内　容	备　注
指导语： 　　"现在三只小猪都已经完成了猪妈妈的要求，盖好了属于自己的房子，村里却来了一个不速之客，那么三只小猪又是怎样应对的呢？我们一起来看看。" 　　（1）表演环节： 　　助教扮演大灰狼，幼儿分成三组，每组扮演对应的小猪，教师讲故事，幼儿表演出故事情节。故事情节从大灰狼来了讲到大灰狼被烫伤。 　　（2）提问环节： 　　①那么通过表演，大家发现故事的内容和实验结论是一样的吗？ 　　②虽然木头做的房子没有那么坚固，但是后来木头却发挥了极大的作用，猪兄弟用木头做了什么呀？ 　　③那么请小朋友们说一说，草料、木头、砖头还可以用来做什么？ 　　（3）反思环节： 　　原来不同的物品具有不同的特性，有着不同的用途。小朋友们还需要多多探索哦	●物料：美纹纸胶带、大灰狼道具。 ●戏剧手段：故事剧场、建构空间、教师入戏。 ●教学小提示： （1）分组工作需提前做好。 （2）提前用美纹纸胶带贴出三个房子并做出标记，不同标记代表不同材质的房子。 （3）美纹纸胶带贴出的房子大小要能装得下整组幼儿

主题活动三："三只小猪番外篇"

内　　容	备　　注
指导语： "这个时候老大高兴地对老三说：'盖草房虽然最省力，但是很不结实，以后我要多花力气盖砖房。'老二也高兴地对老三说：'盖木房也不结实，以后我也要多花力气盖砖房。'老三看着两个哥哥，坚定地点点头说：'好，让我们一起来盖一座大的砖房，把妈妈也接来，大家一起住吧！'" （1）表演环节： 邀请所有的幼儿利用身体或周围的物品一起盖一栋房子。 （2）互动环节： 猪妈妈看到这个房子以后会是什么样的表情？会说什么呢？	

五、活动延伸

观察周围的物体哪些是用草料、木头、砖头制作的，并与小伙伴们分享。

案例四：《梦想家威利》

一、活动目标

（1）知道每个人都可以有梦想，并且每个人可以有多个梦想。

（2）能用较连贯的语言表达自己的梦想及实现梦想的方法。

（3）愿意大胆想象并表达自己的梦想，对自己的梦想有向往。

二、活动重点、难点

重点：表达自己的梦想及实现梦想的方法。

难点：能够根据教师引导对绘本内容进行思考与大胆想象，并敢于表达自己的梦想。

三、活动准备

经验准备：活动前组织幼儿观看"各行各业"的相关视频，让幼儿对"各行各业"有初步了解。

物料准备：香蕉、绘本、故事 PPT、书包、电影画报、话筒、芭蕾舞鞋、画笔、书本、游泳镜、翅膀饰品、怪兽面具、魔法帽、王冠、碗、超人披风、纸张和彩笔。

环境准备：安静、无干扰、面积适合的活动教室，桌子。

四、活动过程

故事简介：威利喜欢幻想，他幻想自己成为一个演员、一个画家、一个舞蹈家……他幻想变成猛兽或英雄……威利的幻想世界就是一座美术馆，魔幻般的画作令人震惊，欢迎参观威利的幻想世界。

热身游戏："香蕉变变变"

内　　容	备　　注
指导语： "今天我们要玩一个非常神奇的游戏叫'香蕉变变变'。" 教师讲解游戏规则： 　　"现在请大家围成圈坐好，我把这个香蕉放到中间，大家想象一下，中间的香蕉可以变成什么呢？然后将你想象到的内容表演出来。我先做个示范（教师将香蕉变成枪，做出射击的姿势），大家猜一猜，香蕉变成了什么？我有可能是谁呢？现在请想好的小朋友走到中间拿起香蕉，表演出你想到的内容，让大家来猜一猜你把香蕉变成了什么？你有可能是谁？香蕉是可以变成任意物品的哦，现在我们开始吧！"	●物料：香蕉

主题活动一："我的梦想"

内　　容	备　　注
指导语： 　　"大家的梦想都是什么呢？如果用一个动作来表演你的梦想，会是什么样的呢？现在请大家先想一想。" 表演环节： ①邀请幼儿轮流定格表演自己的梦想，让大家猜猜看。 ②教师在幼儿定格的同时，用思维追踪的方式来邀请表演的小朋友分享自己的梦想	●戏剧手法：定格画面、思维追踪

主题活动二："好多梦想的威利"

内　　容	备　　注
指导语： 　　"今天我们要认识一位有梦想的朋友，他叫威利，我们一起看看他都有什么梦想吧！"	

（续表）

内　容	备　注
助教扮演威利背个书包从教室门口进来，书包里提前准备好香蕉、电影画报、话筒、芭蕾舞鞋、画笔、书本、游泳镜、翅膀饰品、怪兽面具、魔法帽、王冠、碗、超人披风等。威利（助教）坐在地上跟大家打招呼：嗨！大家好！我叫威利，我也有梦想。 （1）互动环节： ①威利（助教）根据绘本内容扮演出威利梦想的角色，借助相对应物件完成，并与幼儿进行互动。例如，威利拿出书包里的话筒，邀请幼儿想一想威利的这个梦想是什么。 ②教师提问威利（助教）为什么会有这样的梦想。引导幼儿互动，分享自己的梦想。 （2）表演环节： 邀请幼儿进行我说你摆的活动。 教师随机说出下列某个词语：电影演员、歌唱家、芭蕾舞演员、画家、探险家、作家、潜水员、天使、巨人、小不点、乞丐、国王、怪兽、超人、婴儿，并给予人物设定情景及所在位置。幼儿根据教师说的某个词语，摆出对应定格的动作，教师可随机采访几位扮演者进行互动	●物料：绘本、故事PPT、书包、电影画报、话筒、芭蕾舞鞋、画笔、书本、游泳镜、翅膀饰品、怪兽面具、魔法帽、王冠、碗、超人披风。 ●戏剧手法：教师入戏。 ●教学小提示：不易制作的物件可以尝试用打印并裁剪下来的方法

主题活动三："为梦想加油"

内　容	备　注
指导语： "大家还记得威利都有哪些梦想吗？威利为什么会有这么多梦想？刚才有没有小朋友发现威利的手里一直有一根香蕉，这根香蕉都变成了什么样子呢？我们一起来看看吧！" （1）互动环节： ①播放故事PPT，并根据绘本中香蕉变成不同的样子，邀请幼儿一起分享讨论。	●物料：绘本、故事PPT、对应人数的纸张和彩笔

（续表）

内　容	备　注
②邀请幼儿分享在自己的梦想中香蕉可能变成的物件，并画出来。 （2）分享环节： 　大家围坐在一起，每位幼儿走到圈内中间，用"我的梦想是……，为了实现我的梦想，我会……"的句式进行梦想分享	

五、活动延伸

将幼儿画好的"梦想"图贴在教室展示墙上。

案例五：《大脚丫跳芭蕾》

一、活动目标

（1）了解芭蕾舞蹈的艺术表现形式和音乐特点。

（2）能够跟随音乐韵律做出简单的芭蕾舞蹈动作。

（3）乐于参与艺术活动，体验芭蕾舞蹈的魅力，树立坚持梦想的信念。

二、活动重点、难点

重点：芭蕾舞蹈的艺术表现形式和音乐特点。

难点：通过戏剧表演体会主人公坚持梦想、不放弃的精神，树立坚持梦想的信念。

三、活动准备

经验准备：知道芭蕾舞是一种舞蹈形式，有特殊的舞蹈服。

物料准备：乐队演出的视频、芭蕾舞视频、播放设备、一双破旧的大号舞蹈鞋、舞蹈裙、稻田时光版音乐《我的芭蕾舞梦想》、美纹纸胶带、白布、彩笔若干。

环境准备：安静、无干扰、面积适合的活动教室。

四、活动过程

故事简介：一个叫贝琳达的女孩很喜欢跳芭蕾，但选拔会的评委嫌她的脚太大而拒绝看她的表演。她只好放弃跳舞，找了一份餐厅的工作，她虽然也很喜欢餐厅的老板和客人，可是，她还是常常怀念跳舞。有一天，餐厅里来了一个乐团，在他们美妙的音乐里，贝琳达不知不觉跳起舞来。在老板的邀请下，贝琳达开始为餐厅的客人跳舞，她跳得美极了，餐厅的客人越来越多，连大都会芭蕾舞团的指挥都来看她跳舞，并且被她感动了。贝琳达终于又回到了舞台，开始为更多的人跳舞。贝琳达很快乐，因为她可以一直跳舞。至于那些评委们会说些什么，她一点也不在乎了……

热身游戏："捏泥人"

内　　容	备　　注
指导语： "小朋友们，大家请看大屏幕，视频里播放的是什么内容呢？我们一起玩个捏泥人的游戏，来模仿视频里看到的动作吧！" 教师讲解游戏规则： 将幼儿分为 A、B 两组，进行捏泥人游戏，A 组的幼儿先扮演泥巴，B 组的幼儿扮演雕塑师，根据视频里芭蕾舞演员的动作来为 A 组的幼儿捏出造型（一个动作即可），在捏造型的过程中扮演泥巴的小朋友保持不动，完成后，A、B 两组进行交换再游戏	●物料：芭蕾舞视频、播放设备

主题活动一："帮助贝琳达"

内　　容	备　　注
指导语： "老师认识一位跳芭蕾舞的女孩叫贝琳达，成为芭蕾舞演员是她的梦想，但是现在还没有实现。她最近很不开心，希望大家能帮帮她。" （1）讲故事环节： 助教以第一人称贝琳达的身份讲述绘本中被评委拒绝的部分："我叫贝琳达，我非常喜欢跳芭蕾舞，可是，嗯……，我参加舞蹈选拔的时候，我还没开始跳，评委大声叫停，说我的脚太大了，我的脚永远都跳不好，我很难过，我想也许评委老师说得对！" （2）互动环节： 教师邀请幼儿回答：我们该怎么安慰如此难过的贝琳达呢？ 贝琳达（助教）听完大家的建议后给予回应与感谢，告知大家自己要去餐厅上班了。教师邀请幼儿一起去看看吧！	●物料：一双破旧的大号舞蹈鞋、舞蹈裙。 ●戏剧手段：教师入戏。 ●教学小提示： 助教扮演贝琳达，穿着一双又旧又破又大的舞蹈鞋，很伤心地走进教室

主题活动二："变装的贝琳达"

内　容	备　注
指导语： "现在大家来到了贝琳达工作的餐厅，今天来了一个'莱迪好友乐团'到餐厅表演，请大家一起欣赏。" （1）表演环节： 提前在教室角落布置好贝琳达工作的餐厅，或者现场用美纹纸胶带进行建构。 贝琳达（助教）一边工作一边听着音乐，情不自禁地跳起了舞蹈。 指挥（教师）：你跳得真棒，我在国际舞蹈比赛的选拔赛上没有见到你呀？ 贝琳达（助教）：我参加比赛了，可是我没有选上，因为我的脚很大。 指挥（教师）：哦，我想起来了，很抱歉，我以为你那么大的脚会跳不出优美的舞蹈，可是今天这么一看，难以置信你可以跳得这么棒，你愿意重新参加国际舞蹈比赛吗？ 贝琳达（助教）：真的可以吗？我十分愿意。但是我没有芭蕾舞蹈服。 指挥（教师）：那我们一起帮你设计一件芭蕾舞蹈服吧。 （2）邀请幼儿用彩笔在白布上一起为贝琳达设计芭蕾舞蹈服。 （3）贝琳达（助教）穿上以后，高兴地邀请在座的小朋友们与她一起来练习芭蕾舞	●物料：乐队演出的视频、稻田时光版音乐《我的芭蕾舞梦想》、美纹纸胶带、白布、彩笔若干。 ●戏剧手段：建构空间、教师入戏。 ●教学小提示："莱迪好友乐团"的演出用视频代替

主题活动三："闪亮登场"

内　容	备　注
指导语： "现在我们来到了芭蕾舞表演现场，贝琳达（助教）已经准备好到舞台上为大家表演，请小朋友们坐在小椅子上，认真、安静地来欣赏贝琳达的芭蕾舞。"	●物料：美纹纸胶带、稻田时光版音乐《我的芭蕾舞梦想》

（续表）

内　　容	备　　注
（1）提问环节： ①"为什么贝琳达能有这次跳舞的机会呢？" ②"小朋友们，你们的梦想是什么？实现梦想要怎么做呢？" （2）总结环节： 教师总结幼儿回答，并鼓励幼儿坚持自己的梦想。 （3）跳舞环节： ①提前用美纹纸胶带在地板上贴出一个舞台。 　贝琳达（助教）发言表示感谢："谢谢大家的到来，是你们在我难过的时候给我安慰，我很开心，你们都是我的好朋友，我想邀请大家跟我一起跳舞，我们手拉手来跳舞吧。" ②小朋友们一起进入舞台区域，手拉手围成一个圆圈跳芭蕾舞	

五、活动延伸

组织有关"梦想"的美术活动。

案例六：《巨人的花园》

一、活动目标

（1）理解故事内容，知道分享会使人快乐。

（2）能够根据教师的引导表演出故事情节，理解故事中人物的心情。

（3）乐于表演并体验绘本故事中跌宕起伏的故事情节。

二、活动重点、难点

重点：根据教师的引导表演出故事情节，理解故事中人物的心情。

难点：有序进行分组讨论，并将讨论结果表演出来。

三、活动准备

经验准备：经常组织幼儿进行自主分组的活动，幼儿能够自主、有序地进行小组讨论，经常锻炼幼儿汇报、讨论的能力。

物料准备：钥匙、守门人的代表物件、茶水、报纸、巨人的代表物件、欢快的音乐、美纹纸胶带、黑色大口袋、A4纸若干、彩笔、魔法棒、"禁止入内"纸牌。

环境准备：安静、无干扰、面积适合的活动教室，几张桌子。

四、活动过程

故事简介：从前，有个巨人，他拥有一座非常美丽的花园。当巨人外出回来时，居然看到一群孩子正在自己的花园里玩。他生气极了，把孩子们都赶了出去。于是，失去了孩童天真笑语的花园变得不再美丽，鸟儿不再歌唱，花儿不再绽放，春天不再光临，冰雪封冻了整座花园……直到有一天，由于一个小男孩儿的再度到来，春天的美景又重现花园，这触动了巨人的心，也让巨人不再自私……

热身游戏："魔法钥匙"

内　　　容	备　　注
教师讲解游戏规则，助教扮演守门人： 　　"大家好！今天我们要进入一所花园中玩耍，但花园现在被一把施了魔法的钥匙给封印啦！所以想进到花园中，我们就需要从守门人那里拿到钥匙，偷偷告诉大家，这位守门人每天中午12点会一边看报纸，一边带着这把钥匙晒太阳。他眼神不太好，只能看清眼前正在动的东西！我们想顺利取到钥匙的话，就只能在他看报时行动，在他抬头时，要像木头人一样一动不动哦！在他低头看报的时候，我们才可以过去拿钥匙。现在我们一起来试试吧！"	●物料：钥匙、守门人的代表物件、茶水、报纸

主题活动一："神秘的花园"

内　　　容	备　　注
指导语： 　　"我们等一下要用这把神奇的钥匙打开大门，进入巨人的花园（在教室地面上，用美纹纸胶带贴出一个方形并留出门）中。大家想一想这个巨人的花园里会有些什么呢？" 　　（1）分享环节： 　　在教师的引导下邀请幼儿分享巨人的花园里可能会有什么。（可以是真实存在的，也可以是虚拟的，如滑梯、冰激凌喷泉） 　　（2）表演环节： 　　①教师将幼儿分组，每组幼儿讨论出一个设施，并集体配合用身体将该设施表演出来。 　　②邀请每组幼儿依次进入花园内展示，其他幼儿猜该组表演的设施是什么。 　　③所有幼儿集体进入花园中一起展示，并邀请幼儿展示动态的花园设施（可以播放欢快的音乐）	●物料：欢快的音乐、美纹纸胶带。 ●戏剧手段：建构空间、定格画面

主题活动二："巨人回来了"

内　容	备　注
（1）助教入戏，扮演巨人： 　　幼儿正在游戏时，巨人（助教）出场，说明自己是去很远的地方看朋友去了，他很生气有人在他的花园里玩，并大吼大叫将所有人赶出去。 （2）互动环节： 　　①小朋友们看/听到了什么？ 　　②巨人是什么样的心情？ 　　③我们想要再次进入花园，该怎么办呢？（引导幼儿给巨人送礼物） （3）送礼物环节： 　　①引导幼儿把想送给巨人的礼物画在纸上，介绍礼物后将礼物放进黑色大口袋里。教师可适当引导幼儿说出为什么送巨人这个礼物呢？ 　　②邀请几位幼儿扮演送礼物的人，将刚刚的黑色大口袋放到巨人门口（用美纹纸胶带贴出的花园门口处），敲三下门后离开。 　　③助教再次扮演巨人，表演出拆开礼物袋，看到一件件礼物误以为是小朋友在捣鬼的情景	●物料：巨人的代表物件、黑色大口袋、A4纸若干、彩笔。 ●戏剧手段：教师入戏、角色扮演。 ●教学小提示：在送礼物环节中教师可先示范

主题活动三："巨人的后来"

内　容	备　注
（1）教师扮演旁白讲故事，助教配合表演： 　　"生气的巨人（助教）在花园门上贴上'禁止入内'的字样（助教立起'禁止入内'纸牌），自从巨人贴上'禁止入内'的牌子后，冬天就来了，花园里下了一场很大很大的雪，所有的东西都被冻住了。小朋友们想一想，之前在花园里的设施，经过这么一场大雪，会变成什么样的呢？"	●物料："禁止入内"纸牌、魔法棒。 ●戏剧手段：定格画面、思维追踪、故事棒

（续表）

内　容	备　注
（2）表演环节1： 邀请所有幼儿表演被冻住的花园的设施，并分享此刻的心情。 （3）故事棒环节： 　"刚刚被冻住的滑梯、喷泉（根据幼儿表演情况引导）都很难过，它们会不会一直被冻住呢？接下来大家跟随魔法棒一起去看看吧，这根神奇的魔法棒指到谁，谁就会变成老师口中的角色，魔法棒一挥，魔法就消失了，小朋友们就回到自己的座位上。现在我们来试一试吧。"（教师按绘本内容讲述：从小男孩儿出现了—春天来了结束） 　（4）表演环节2： 　幼儿表演解冻的游乐场的设施，并分享解冻后的心情。 　（5）教师将故事讲完后，邀请每个幼儿对巨人说一句话	

五、活动延伸

组织幼儿进行"礼物交换"的分享活动。

案例七：《坚定的小锡兵》

一、活动目标

（1）知道小锡兵是一个善良、勇敢、尽职尽责的形象，并知道坚持的重要性。

（2）能够想象情节的发展、高潮及结局，积极参与戏剧冲突的讨论。

（3）能够体验和表现角色复杂的情感。

二、活动重点、难点

重点：理解故事内容，知道小锡兵是一个善良、勇敢、尽职尽责的形象。

难点：表演出故事情节，体现出小锡兵的情感变化。

三、活动准备

经验准备：知道怎样用不同的物品建构空间，且需在建构的空间内进行表演。

物料准备：美纹纸胶带、小锡兵与芭蕾舞女孩的图片、小锡兵的代表物件、与故事内容对应的图片、魔法棒、彩笔、纸张。

环境准备：安静、无干扰、面积适合的活动教室，几张桌子。

四、活动过程

故事简介：一个小孩生日时，收到一盒小锡兵，其中一个只有一条腿，这个小锡兵深爱着一位纸做的跳舞娃娃。但妖怪却让单腿小锡兵离开了那个地方，经过几次悲惨的遭遇，单腿小锡兵凭着他的坚强回到原地，却又被扔进了火炉，跳舞娃娃乘风飞进火炉，与小锡兵在火炉里化作了一颗锡心。

热身游戏："遥控器"

内　　　容	备　　　注
指导语： 　　"今天我们要玩的是"遥控器"游戏，现在我变成遥控器，大家变成电视里表演节目的人。当我说'1'的时候，大家就表演'单脚站立'；当我说'2'的时候，大家蹦一下；当我说'3'的时候，大家就原地像士兵一样站立。我们一起来试一试！"	●教学小提示：教师可根据幼儿的能力增加表演内容

主题活动一："锡兵与芭蕾舞女孩"

内　　　容	备　　　注
指导语： （对应绘本内容引入故事） 　　"今天我们要讲的故事从只有一条腿的小锡兵开始，他有 24 个哥哥，因为到制作他的时候，锡不够，所以他只有一条腿。现在他每天待在一个桌子上面，在对面的宫殿里有一个非常美丽的芭蕾舞女孩，她一直踮着一只脚跳舞，他们每天这样面对面。" （1）表演环节： 　　教师用美纹纸胶带建立两个区域，一边是小锡兵站立的位置，另一边是芭蕾舞女孩站立的位置，引导幼儿选择想要扮演的角色，并在相应的区域内做出定格动作。 （2）互动环节： ①小锡兵看到芭蕾舞女孩，心里在想什么呢？ ②芭蕾舞女孩看到小锡兵，心里在想什么呢？	●物料：美纹纸胶带、小锡兵与芭蕾舞女孩的图片。 ●戏剧手法：建构空间、定格画面、思维追踪

主题活动二："小锡兵去航行了"

内　容	备　注
指导语： 　　"这个小锡兵误以为芭蕾舞女孩也只有一条腿，觉得她可以当自己的妻子，他开心极了，没想到屋里的小孩把小锡兵移到窗台上的时候，不知是什么妖怪在搞鬼，还是一阵阴风在作怪，窗户忽然开了。小锡兵从三楼一个倒栽跌到地上。这时开始下雨，雨越下越密，最后简直是倾盆大雨了。雨停了以后，有两个小孩子在这儿走过。他们叠了只纸盆，把小锡兵放进去，让他航行一番。" 　　（1）互动环节： 　　大家觉得小锡兵会走向哪里？他会遇到谁？他会遇到哪些困难呢？ 　　（2）表演环节： 　　①单人表演：邀请幼儿定格出小锡兵遇到的人物。 　　②分组表演：在教师的引导下，邀请幼儿表演出小锡兵可能遇到的困难	●物料：小锡兵的代表物件、与故事内容对应的图片

主题活动三："他们永远在一起了"

内　容	备　注
指导语： 　　"我们一起来看看小锡兵经历了什么？并思考他具有怎样的品质。" 　　（1）故事棒环节： 　　教师运用故事棒邀请不同的幼儿扮演小锡兵。 　　演绎范围：从上了纸船—遇到老鼠—被吞到鱼肚子里—回到原来的家中结束。 　　（2）互动环节： 　　①教师带领幼儿回到原来用美纹纸胶带建立的两个区域，一边是小锡兵站立的位置，另一边是芭蕾舞女孩站立的位置，在区域中自由地定格动作。	●物料：美纹纸胶带、魔法棒、彩笔、纸张。 ●戏剧手法：故事棒、建构空间、定格画面、思维追踪

（续表）

内　　容	备　　注
②请大家来说说小锡兵是一个什么样的形象？他经历了那么多困难，具有怎样的品质呢？ （3）讲故事环节： 从小锡兵回到家里—故事结尾结束。 （4）画你心目中的小锡兵和芭蕾舞女孩	

五、活动延伸

邀请幼儿对自己创作的小锡兵和芭蕾舞女孩，进行故事创编。

附录A　学前儿童戏剧游戏案例

附表 A-1　3～4岁儿童戏剧游戏案例

序号	游戏名称	游戏规则	类型	作用
1	海洋球	（1）幼儿选择一个舒适的姿势躺下，闭眼。 （2）伴随着舒缓的音乐，想象着自己躺在许多海洋球中间，放松身体，并随着海洋球轻微游动	专注	放松身心
2	鼻子闻一闻	（1）游戏前让幼儿去关注他们喜爱的或经常闻到的气味。 （2）同时教师收集一些具有不同气味的物品，如香水、醋、鲜花、臭豆腐等。 （3）教师将准备好的东西给大家闻一闻，并问"你们闻到了什么气味？感觉怎么样？猜猜是什么？" （4）注意教师提供的气味要保证环保、安全	感知	感知嗅觉
3	寻宝	（1）教师提供三个箱子，装有苹果、橘子、香蕉。 （2）分别请三位幼儿来进行比赛，教师使用口令提示："请把苹果宝宝请出来！请把香蕉宝宝请出来！请把橘子宝宝请过来！" （3）在一定时间内正确找到最多水果的幼儿获胜	感知	感知触觉
4	雨珠落下来	（1）幼儿围坐成半圆，教师引导幼儿以手指为小雨珠，顺着身体往下点：屋檐上的小雨珠落下来，落到我们的头上、落到我们的肩膀上、落到我们的胳膊上、将雨珠送到各个部位。从肩膀到胸部、腹部、臀部、大腿、小腿、脚面。 （2）雨珠落地，游戏结束	感知	感知触觉

（续表）

序号	游戏名称	游戏规则	类型	作用
5	吃水果	（1）教师提供水果图片，跟幼儿一起做吃水果的动作。 （2）如西瓜可以切着吃、用勺子挖着吃、用牙签戳着吃，然后撤掉图片。 （3）让一名幼儿表演吃水果的动作，其他幼儿猜吃的是什么水果	模仿	锻炼动作模仿能力
6	拍拍我的球	（1）教师假装发给幼儿每人一个球，这是假装的球。 （2）请幼儿拿球站好，在教师的引导下做出拍球的动作："大皮球，圆又圆，拍一拍，跳一跳，拍得轻跳得低，拍得重跳得高，快把它接住！" （3）幼儿要根据儿歌的内容变换动作，教师还可以用其他玩法引导幼儿，如双腿夹球、背部顶球等动作	模仿	锻炼肢体节奏
7	响铃不见了	（1）全体幼儿围成一个圆圈坐下，双手背在后面，让一位幼儿到圈内坐下。 （2）教师："丁零零，丁零零，铃儿响叮当。今天我们一起玩小手背后传响铃的游戏。" （3）将响铃交给圈上幼儿，由圈上幼儿经手在背后传递。 （4）圈内幼儿观察响铃传到哪里了，猜对的幼儿给予奖励，注意可先由教师进行示范	团体	训练专注力
8	动物音乐团	（1）幼儿围成圆圈坐好，教师扮演指挥家。 （2）把全班幼儿分成两组，一组扮演小猫，学猫叫；另一组扮演小狗，学狗叫。 （3）教师提示：动物音乐团开始表演了，请演员们听指挥。教师指到小猫组的幼儿，幼儿就学小猫叫；指到小狗组的幼儿，幼儿就学小狗叫。 （4）教师可以根据幼儿的接受能力，变成三组、四组，增加动物类别以提高难度	团体	训练专注力

（续表）

序号	游戏名称	游戏规则	类型	作用
9	领舞游戏	（1）教师随机指定一位幼儿充当领舞。 （2）大家跟着领舞幼儿做动作，所有人跟着学	团体	训练观察力、模仿力
10	贪吃的小花狗	（1）熟悉儿歌：一支小花狗，蹲在大门口，眼睛黑溜溜，想吃肉骨头。 （2）教师引导幼儿自由表现，如小花狗蹲在门口等动作。 （3）最后，幼儿可以跟着教师的示范动作，也可以按自己的动作或大家共同协商的动作进行集体表演	团体	训练模仿力
11	各种车辆的声音	（1）教师出示各种车辆的图片（如救护车、警车、洒水车、消防车等）。 （2）幼儿模仿这些车的声音。 （3）再请一位幼儿模仿发出任意一种车的声音，让大家来猜一猜这是什么车辆发出的声音，并选出一位幼儿找出这种车的图片	专注	训练声音模仿能力
12	我学动物叫一叫	（1）幼儿围坐成一个圆圈，传递一个神秘的袋子，袋子里装着各种动物的卡片。 （2）幼儿从袋子里摸出一个动物的卡片，就学动物叫一叫。 （3）玩过几遍后，幼儿可以把摸出动物的卡片给邻座的幼儿，让这个幼儿学动物叫一叫	团体	训练声音模仿能力
13	表情接力	（1）师生站着围成一个圆圈，教师手拿表情卡片。 （2）幼儿任意抽取一张表情卡片后，轮流做出卡片上的表情	团体	训练表情模仿能力

（续表）

序号	游戏名称	游戏规则	类型	作用
14	稻草人	（1）全体幼儿找到一个合适的空间站立，教师创设情景："教室当作稻田，你们来当稻草人。" （2）幼儿先模仿稻草人的模样，站立在田间。 （3）教师放音乐，大风刮起来，稻草人随风前后摇摆。 （4）教师扮演小鸟飞来，稻草人左右摇晃身体，抬手将鸟儿赶走，之后教师可请幼儿来扮演小鸟，继续游戏	团体	训练肢体控制能力
15	踩脚印	（1）教师和幼儿一边念儿歌，一边做动作（小朋友们快快来，小脚一起踩一踩。小猫小猫轻轻踩，脚步无声悄悄来；小熊小熊重重踩，踩碎树枝一排排）。 （2）幼儿根据儿歌做相应的动作	团体	训练肢体动作
16	我是影中人	（1）幼儿每人从家中的报纸、杂志上搜集一张照片或图片，相互交流并交换，5～6人为一组。 （2）每人模仿图片中人物的表情、造型，教师到各组中假装进行集体照相。 （3）最后请个别小组上前展示，并拿出图片进行对比，说出有趣的地方	团体	训练多人造型
17	椅子游戏	（1）每个幼儿坐在自己的椅子上，当教师倒数三个数"3、2、1"时，幼儿要和自己的椅子摆个造型。 （2）教师可重复喊数，幼儿不停地变换造型	专注	训练专注力、人物造型及变化
18	我是花儿	（1）让幼儿用手或手臂的动作表现花的开合状态。 （2）当下雨时，花瓣闭合；当雨停时，花瓣就全部打开。 （3）游戏中教师可采用铃鼓为信号或播放下雨的声音	专注	训练专注力、人物造型及变化

（续表）

序号	游戏名称	游戏规则	类型	作用
19	我们去游泳	（1）教师播放大海的背景音乐："小朋友，你们听这是什么声音？我们来到了大海边，和我一起来玩吧。" （2）幼儿在教师带领下模仿海龟游、鲨鱼游、一会潜水、一会上浮的动作，感受在海里游泳的乐趣	想象	锻炼情景想象能力
20	下雨天	（1）教师带领全体幼儿自由行走。突然，教师喊道："下雨啦！快走啊！""快快找个地方避避雨。" （2）教师问幼儿："你们身上淋湿了没有？你们喜欢下雨天吗？" （3）教师提议，我们到雨里玩玩吧！幼儿自由想象在雨里踩水、嬉戏的场景	想象	锻炼情景想象能力

附表 A–2　4～5 岁儿童戏剧游戏案例

序号	游戏名称	游戏规则	类型	作用
1	自我介绍	（1）幼儿围成圆圈坐好。 （2）每个幼儿给自己取个易记的小名。 （3）加动作介绍"我叫××"，然后大家跟着边做动作边说"他叫××"	破冰	相互熟悉、减轻紧张
2	我们喜欢甲的什么？	（1）幼儿围成圆圈做好。一个幼儿（甲）自愿离开教室，老师请大家列一些我们喜欢他/她的事项。 （2）我们可以限定在甲最好的五件事中。 （3）当甲回到教室时，可以试着猜猜是谁说了哪些关于他/她的事。或者也可以只是沉浸在赞美之中。 （4）这个游戏前提是幼儿之间比较熟悉。最好在每个幼儿愿意的情况下，让其他人来写写喜欢他/她的事项	破冰	训练注意力，热身

（续表）

序号	游戏名称	游戏规则	类型	作用
3	提线木偶游戏	（1）邀请大家 2 个人一组，A 以手掌心为一个"提线点"，面向 B 的鼻子约 4 个拳头的距离，鼻尖的点和手掌心的点始终保持同样的距离。 （2）当手掌心向上，鼻尖也要保持同样的距离。依次类推。 （3）用游戏让幼儿打破距离感，融入这个活动中，开课前锻炼孩子注意力如何集中	破冰	训练注意力，热身
4	偷钥匙游戏	（1）邀请一位幼儿 A 坐在前面，身边放一把钥匙，其他的幼儿站在后面。 （2）当 A 背对大家，大家就可以去拿钥匙；当 A 转过头看大家，其他幼儿就要变成"木头人"。如果发现谁动了，就要回到出发点。用"123 木头人"的原理玩偷钥匙游戏。 （3）这个游戏中的"钥匙"可以换成任意物件。这样的开场活动是幼儿都非常喜欢和愿意的。对于第一次见面的彼此，可以很快熟悉	破冰	训练反应力、注意力，热身
5	猜猜他在吃什么	（1）幼儿和同伴先交流自己喜欢吃的食物，然后轮流在集体面前，用肢体或语言大胆表现出自己吃这种食物时的动作与表情。 （2）请大家猜他吃的是什么，猜错幼儿摇头，猜对幼儿假装请他尝一尝	破冰	训练模仿能力
6	小蚂蚁和巨人	（1）幼儿随意躺平在地板上，尽可能蜷缩自己的身体。 （2）想象自己比蚂蚁还要小，然后自然放松至正常状态。 （3）接着，幼儿伸展自己的身体到最大程度，想象自己是一个巨人，再放松回到平常状态	放松	放松身体

（续表）

序号	游戏名称	游戏规则	类型	作用
7	一根绳子	（1）教师请幼儿观察绳子，并想象或回忆：我与绳子之间的一件事情。 （2）例如，你用绳子做过什么，你想用绳子做什么？ （3）幼儿想好后，上前进行动作展示，大家猜一猜，他用绳子做的是一件什么事情	想象	训练情景想象能力
8	五指哥	（1）5个幼儿为一组，并排靠紧，分别代表5根手指：大拇指、食指、中指、无名指和小拇指。 （2）5位幼儿模仿教师的手部动作，如教师伸出右手5指并拢，5位幼儿并排靠紧，教师慢慢握拳，5位幼儿则慢慢弯腰蹲下。 （3）教师弯曲拇指表示数字4，则扮演大拇指的幼儿蹲下	团体	训练肢体控制力
9	打电话	（1）幼儿想象手中拿着手机与好朋友或爸爸妈妈、爷爷奶奶打电话。 （2）教师还可以提供给幼儿一些话题，比如：放假去哪儿玩？最近吃过什么好吃的？ （3）教师甚至可以让幼儿给圣诞老人、喜羊羊、功夫熊猫等幼儿喜爱的人物或动物打电话	想象	训练角色想象力
10	洗衣服	（1）教师划定一个区域作为洗衣机的空间，幼儿想象自己是一件件等待被洗的脏衣服，自由地散坐在地板上。 （2）幼儿根据语音提示进入洗衣机，用身体表现：把衣服扔进洗衣机内，洗衣机开动，洗衣机加水、滚动、甩干等一系列动作	想象	训练角色想象力
11	吃西瓜	（1）全体幼儿站立，手拉手围成一个圆圆的大西瓜。教师将手臂当刀切西瓜，先对半切，一个西瓜变成两半，幼儿则立即变成相应的队形。 （2）教师继续切成任意块状，并等待幼儿变化队形。	团体	训练造型变化能力

（续表）

序号	游戏名称	游戏规则	类型	作用
		（3）当西瓜被切成许多小块后，教师做吃西瓜的人，吃西瓜。被教师吃到的部分，则变成西瓜籽，掉在地上（躺下）。 （4）接下来，教师可以请部分幼儿来做切西瓜和吃西瓜的人		
12	山谷里的回音	（1）幼儿6人为一组，围成圆圈站好，想象自己在空旷的山谷中。 （2）由最先开始的幼儿喊出第一声："啊"，接下来的幼儿喊第二声，音量减小，依次类推，直至最后一个幼儿声音最小，甚至听不到	团体	训练注意力、声音控制力
13	木头人	（1）所有幼儿围成圆圈，站好。 （2）一名幼儿扮演砍柴的樵夫，站在圆圈中间，其余幼儿顺着圆圈边走边念，"山上有群木头人，不能说话不能动。谁动就是小财神，捉他下山送给人"。 （3）幼儿念完之后像木头人一样不动。樵夫查看有没有动的木头人，看到谁先笑或先动就将其带出圈外。游戏重复规则继续	团体	训练肢体控制力
14	爬来爬去	（1）教师和幼儿讨论哪些动物是爬行的。然后教师扮演仙女，问一幼儿："你想变成哪种爬行动物？想爬到哪里去？" （2）仙女挥动魔法棒"变变变"，全体幼儿变成自己想要成为的动物，如乌龟、螃蟹、蛇等，并模仿这些动物的动作，爬行到指定的地点	专注	训练动作模仿能力
15	神秘面具人	（1）游戏前幼儿制作好自己喜欢的动物面具，可以遮住全脸或半张脸。 （2）游戏时，幼儿戴上面具，做和面具相对应的动物动作。大家一起观察像不像	想象	训练动作模仿能力

（续表）

序号	游戏名称	游戏规则	类型	作用
16	音波墙	（1）将幼儿排成几排平行站好，在背景音乐声调时高时低中，教师引导幼儿做身体起伏变化的动作。 （2）音乐声调高时，教师将手抬高，示意面前几位幼儿踮脚；音乐声调低时，示意接下去的几位做蹲下的动作。 （3）（幼儿可以变化动作，可以用手臂做动作）依次类推，直至全体幼儿像一道波浪	感知	训练听觉感知能力
17	哈哈镜	（1）幼儿选择一个合适的空间，站立。 （2）教师提示幼儿"我要照哈哈镜，变成一个大胖子"。 （3）幼儿根据教师的提示，用身体表现出胖胖的形态。然后教师提示："我要照哈哈镜，变成一个高高的瘦子"。幼儿用身体表现出高高瘦瘦的形态，教师还可以创编	想象	训练想象力、肢体控制力
18	姓名游戏	（1）教师和幼儿围成一个圆圈，第一轮从教师开始，接下来是教师右边的幼儿，每人依次说出自己的姓名。 （2）第二轮从教师开始，教师说出自己右边幼儿的姓名。照此，每个幼儿说出自己右边幼儿的姓名。 （3）第三轮还是从教师开始，教师说出自己左边幼儿的姓名。照此，每个幼儿依次说出自己左边幼儿的姓名（教师可以强调速度）	破冰	训练注意力、听觉
19	会响的瓶子	（1）教师在几个矿泉水瓶中分别放入绿豆、小米、沙子等各种能使瓶子发出响声的颗粒状物体。然后教师先向幼儿展示几个瓶子里分别装的是什么，再背对幼儿摇动瓶子，使瓶子发出响声，请幼儿猜测瓶子里装的是什么。	专注	训练注意力、听觉

（续表）

序号	游戏名称	游戏规则	类型	作用
		（2）再背对幼儿摇动瓶子，使瓶子发出响声，请幼儿猜测瓶子里装的是哪一种物品。 （3）教师还可以让幼儿感知轻摇瓶子和用力摇瓶子所发出的声音是否不同。如果幼儿感觉游戏有难度，教师可以预先请幼儿听这些瓶子发出的不同响声，然后请幼儿猜测		
20	停电的晚上	（1）教师用语言营造停电的情景，"停电了，屋里好黑啊，什么也看不见。小朋友们，你们感觉怎么样啊？" （2）幼儿自由表达自己在黑夜里的感受。"现在什么都看不见，我们可以做些什么事情呢？" （3）鼓励幼儿大胆想办法，如大声地唱歌、背儿歌、玩游戏等，大家跟着一起做，一定要体现出在黑夜里什么都看不见的感觉。最后，"来电啦！"结束游戏	想象	训练情景想象能力

附表 A–3　5～6 岁儿童戏剧游戏案例

序号	游戏名称	游戏规则	类型	作用
1	换位	（1）互相叫名字，被叫者点头表示同意，即可和被叫者交换位置。 （2）叫到名字就互换位置，被叫者再叫其他人名字互换位置，由慢到快。 （3）用不同的情绪叫名字，被叫者再叫其他人，由慢到快	破冰	相互熟悉、减轻紧张
2	空间走动	（1）幼儿在指定空间内自由走动，要占满整个空间，背上长出翅膀，不能碰到对方，尽量不背对别人。	破冰	探索空间、熟悉环境、建立安全感

（续表）

序号	游戏名称	游戏规则	类型	作用
		（2）分别用眼睛、鼻子、肩膀、臀部、脚和遇到的人打招呼。 （3）遇到其他小朋友，握手，喊对方的名字。 （4）要和遇到的人拥抱		
3	骑士，狗和树	（1）选出一名幼儿面对墙壁，担任发号施令者，其他孩子在教室里自由行走。 （2）当发号施令者喊"停"的时候，孩子们自由选择做出骑士、狗和树的静止模样。请发号施令的孩子选择其中一种并且喊出来。 （3）如果喊道："骑士"，骑士们必须保持静止不动，而其他的孩子恢复在空间中奔跑的状态。当下一次喊"停"时，骑士们可以维持静止的状态，也可以选择改变他们的样子。一旦所有的孩子都再一次静止在他们所选的状态，发号施令者再次施令，让游戏继续下去	团队	训练反应力、注意力，热身
4	我上菜市场	（1）孩子们围坐成圆圈。游戏一开始，一个孩子先说："我上菜市场，我买了些蛋（或鱼、土豆）。" （2）坐在这孩子身边的人重复这个句子，但是买的东西换成别的。 （3）范围可以根据需求换成一个类别。比如：每个孩子说的都要是蔬菜类/水果类/鱼类	团队	训练反应力、注意力，热身
5	钥匙保管者	（1）钥匙保管者，孩子们围坐成圆圈，一名幼儿把眼睛蒙上，坐在圆圈中央的椅子上，手持一个纸轴。 （2）椅子下面放一把大钥匙或其他物品（如一本魔法书）。圆圈上的其中一位幼儿自愿试着取回这个物品。	团队	训练反应力、注意力，热身，训练团队协作能力

（续表）

序号	游戏名称	游戏规则	类型	作用
		（3）如果中央的保管者成功地用纸轴碰到了他，他必须回到圈中，换其他孩子尝试		
6	围圈击掌	（1）所有人围成一个大圆圈，但是不要挨得太近。 （2）第一个人通过击掌把动力传给下一个人，同时发出响声，如果想右击掌，双手都指向这个方向，同时要说出一个象声词，如"嘣"；如果向左击掌，则说"嗖"，当然也可以替换成其他词。 （3）每个人都可以改变方向，把击掌动作顺着传来的方向传递回去，当然这时要说的词也必须改变	团队	训练反应力、注意力、团队协作能力
7	抓捕与颜色	（1）一个抓捕游戏，其中被抓到的人会变成新的捕手。 （2）每个捕手在开始抓人之前，要事先说明什么颜色是安全色，且必须是空间里有的颜色。 （3）当其他人摸到安全色的物体时，则该人不能被抓	团队	训练反应力
8	自如地站立	（1）所有人在教室里分散开来，双脚打开与肩同宽，膝盖略微弯曲，然后想象自己的头上有一支毛笔。 （2）先想象着用这支毛笔在天花板上画直线，然后画圆圈、画"8"或其他图形，此时要注意观察重心如何转移。 （3）所有人闭着眼完成练习	放松	训练肢体动作
9	用后背感觉	（1）两两成组，两个合作伙伴背对着站立，中间隔着一段距离（3～4米）。	专注	训练反应力、注意力

（续表）

序号	游戏名称	游戏规则	类型	作用
		（2）闭上眼睛，双方同时向后走，这样做的目的是尽量直线行走，并在彼此距离最小的时候站住停下或轻轻地碰到彼此。 （3）观众尽量保持安静		
10	玻璃板	（1）所有人围成一个圆圈站立，手里抓一个想象中的玻璃板。 （2）大家一起把玻璃板高举，保持玻璃板水平，并上下移动，在屋内移动。 （3）若要简化游戏，可以先在手里拿一根绳子装作玻璃板，最重要的是要保持玻璃板平面水平	专注	训练注意力、肢体动作
11	声音球	（1）所有人围成一个圆圈站立，其中一人A对另一个人B用明显的手势"扔出"一个声音来开始游戏。 （2）然后B通过重复这个声音来捕捉它。并且向另外一个人C抛出新的声音，其目的是要尽可能地快。 （3）长时间犹豫，或者忘记重复声音的人将被淘汰出局	专注	训练反应力、注意力
12	21游戏	（1）所有人围成一个圆圈站立，背部朝内，他们闭上眼睛。 （2）从一个人开始报数，喊一，第二个人喊二，依次类推。 （3）然而不是顺着这个圆圈挨个进行计数，而是随机计数。 （4）如果两个玩家同时喊出数字，则再次从头开始，当21这个数字被单独喊出来，游戏结束	专注	训练反应力、注意力、团队协作能力
13	从树干到牙签	（1）所有人在房间里分散开。每个人想象自己面前有一个树干，把自己的胳膊想象成锯，开始锯树干。	专注	训练肢体动作

（续表）

序号	游戏名称	游戏规则	类型	作用
		（2）一段时间之后，这条胳膊酸了换另一条胳膊。 （3）因为最终的目标是把树干锯得只剩下牙签大小，所以要让这个动作在全身过一遍，用后背、胸部、手肘、臀部、膝盖、双脚、每个手指、鼻子……模仿锯树干的动作		
14	房间里的磁铁	（1）所有人在房间内散开。 （2）每个人将自己想象成不同的物体，如一堵墙、一个角落、一件家具等，一个接一个突然有了磁力，磁力要把他们吸过去。 （3）快要被吸到一个位置的时候，另一个磁场的磁力突然变大，这个人又被吸去这个磁场。 （4）因此所有人要快速地在房间内纵横交错地穿来穿去，尽可能不要碰到别人或和别人撞到一起	团体	训练反应力、注意力、团队协作能力、肢体动作
15	背靠背行走	（1）两人一组背靠背站立，他们一起穿过房间，但不能用语言互相交流。 （2）他们需要意识到两个人中，谁来主导、谁来配合，以及如何进行方向变化。 （3）练习结束之后，幼儿应该互相交流经验	专注	训练注意力、协作能力、肢体动作
16	猫和老鼠	（1）小组成员分散在房间内，一个玩家作为猫，试着去抓老鼠。 （2）但是当两只老鼠站在一起，并且抱着对方时，猫便不能抓他们。 （3）老鼠们只能短时间地抱在一起，且当危险过后则必须更换伙伴	团队	训练反应力、注意力、团队协作能力，热身
17	动物大游行	（1）邀请幼儿一起参加"动物大游行"游戏，引导大家想一想自己要扮演什么动物。	模仿	训练肢体动作、想象力

（续表）

序号	游戏名称	游戏规则	类型	作用
		（2）老师可以先做个示范，并加入一些有趣的性格，如大花猫，胆小的老鼠，不紧不慢的鸭子，贪玩的小狗，贪吃的小猪。 （3）让幼儿先练习自己所扮演的动物的走路姿态、神情等，并适当配上一些声音。 （4）练习后开始"游行"，结束之后教师还可以提供情景，请幼儿来表现所扮演的动物在特定情景下的反应，比如：动物非常饥饿地吃着晚餐、动物被一张大网或陷阱困住、动物在陌生的环境中迷路等。可配上一些音乐		
18	导盲犬	（1）教师在空场内放一些泡沫和积木、橡胶玩具等。 （2）选一名幼儿，将其眼睛蒙上，扮成盲人，再选一名孩子当作"导盲犬"，其余孩子分散站立做障碍物。 （3）"导盲犬"用语音提示方向，向盲人传达信息，使其避开场地内的障碍物以取到教师放置的物品	专注	训练注意力、团队协作能力、反应力
19	公交站台	（1）教师设计情景"早上8点的公交站台"，根据幼儿的人数分3人或5人一组（根据幼儿情况，做一些示范）。 （2）每人选择一种职业角色，进入公交站台内等车。 （3）幼儿在扮演时尽量避免对话，主要用动作和表情来表达自己的职业特点。 （4）教师可不时说出一些指令，让幼儿做出各种反应，比如：你已等了将近15分钟；有一辆公交车从远处驶来，有点像你在等的那一班，驶近一看，不是你要搭的那一班；一辆公交车驶过，扬起很多灰尘……	模仿	训练肢体动作、想象力

（续表）

序号	游戏名称	游戏规则	类型	作用
20	国王说	（1）所有人在房间内走动，游戏发令者给予他们指令，即他们要做什么。 （2）例如，保持站立、倒着走路、单腿跳跃等。 （3）只有当游戏发令者以"国王说"这样的句式开头作为指示时，玩家才需要遵守这个指令。 （4）这个游戏将伴随下面这个指令终止，即"国王说，这场游戏已经结束了"	专注	训练反应力、注意力、肢体动作

附录B　其他常用教育戏剧习式

附表　其他常用教育戏剧习式

戏剧习式	说　明
记者团	二人一组或将参与者分为两方，一方要通过适当的提问，使另一方给予回应。其目的是找出隐秘诀的资料、态度、动机、倾向、能力等
角色扮演	参与者在某个情景下即兴发挥，通常是小组进行，不用过于在意他们的表演呈现，而是参与者在那一瞬间创造出的新事物、新想法
故事地图	并不是制作一张地图，而在大家在一张大纸上画出参与者认为符合故事的场景、人物和事件
专家的外衣	组员扮演拥有专业知识的专家，如历史学家、社会工作者、科学家，这些专家角色都是为戏剧情景而设的，通常在情景中会运用其专业技能，尝试完成戏剧任务
场外音	这个形式的戏剧张力和动机，来自一种急迫但无形的压力或危机。学员要对付一个想象中的人，或做出反应，如躲避一个未出现的敌人，或准备迎接一个重要的访客。他们从戏剧以外一个素未谋面的人那里获得指令／指示
见物知人	以物品的象征意义引出情节的探索。参与者通过这种形式小心挑选个人物品，将之组合，以创造或丰富一个角色，并借以选择所显示的角色性格、特征。教师可以用"发现"这些物件的形式，引介人物或人物背景，参与者则可以在获得角色的私人物品之前或之后跟角色见面；这个角色所表现的行为可以和参与者的分析理解有所不同，甚至相反。这样，角色的私人财物就反映出其语言行为背后的潜在信息

（续表）

戏剧习式	说　　明
墙上的角色	在墙上以图像的形式描绘一个关键性的重要角色，在大白纸上勾勒出身体的轮廓。这个人型轮廓象征着我们即将要深入研究的人物。参与者口述，引导者写下大家所知道的有关这个人物的信息。戏剧发展时，可以参考这个墙上的角色的信息，或因需要而为它增添内容。给参与者一个深入思考人物角色的机会，并能与其他参与者分享相关事实与思想
良心巷	全体分成两列，中间的距离容许一个角色通过。让这个角色穿过这条"巷子"，其他参与者以某个角色的身份提出意见或看法，或说出对该角色的想法。这个角色可能即将面临人生的重要关头，下决定，解决问题
声音拼贴	参与者运用声音、肢体、乐器创造氛围。借助自己的嗓音为行动或场景配上声音。可以创造森林的声响、街道的声音或自然灾害等事件发生时的声音，或配合一个戏剧人物在某个时刻的生活体验，或呈现当时的感觉。也可以把文字、句子及各种声音合奏成乐曲，经过彩排，乐曲就能准确地带出任务的心情、感觉
论坛剧场	参与者被选出来表演出某个特定的场景，其他的人当观众。只要有解决问题的想法和主意，每位观众都可以中断表演，要求或建议这个场景如何发展。观众可以接替舞台上的角色，用他的想法在台上通过表演解决问题，或者给建议，告诉台上的角色接下去应该如何行动。 注意，演员本身也可以中断表演，尤其是在他们觉得很难推进情节，以及需要观众给建议的时候。 如果引导者觉得演出迷失了方向、急需一些新的主意，或者感觉到戏里的某个演员需要支持，他可以中断演出。 这个特定的场景可以重复多遍，以便尝试不同的解决方法

参考文献

［1］张金梅.学前儿童戏剧教育.南京：南京师范大学出版社，2019.

［2］范明丽.学前儿童游戏.北京：北京大学出版社，2017.

［3］黄忠敬，方小娟.参与式教学指导手册.北京：北京大学出版社，2016.

［4］［英］强纳森·尼兰兹，东尼·古德.建构戏剧：戏剧教学策略70式.舒志义等译.台北：台北市成长基金会，2005.

［5］［英］Joe Winston.5-11岁的戏剧、语文与道德教育.陈韵文译.台北：心理出版社，2014.

［6］［挪威］卡丽·米娅兰德·赫戈斯塔特.通往教育戏剧的7条路径.王玛雅，王治译.上海：华东师范大学出版社，2019.

［7］Kathleen Warren.戏剧抱抱.周小玉译.台北：财团法人成长文教基金会，2008.